Anonymous

Deutscher Wegweiser durch New York und Umgegend

Anonymous

Deutscher Wegweiser durch New York und Umgegend

ISBN/EAN: 9783744601207

Hergestellt in Europa, USA, Kanada, Australien, Japan

Cover: Foto ©Andreas Hilbeck / pixelio.de

Weitere Bücher finden Sie auf **www.hansebooks.com**

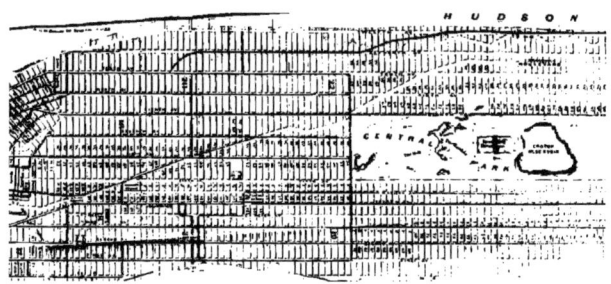

Lage der Stadt New-York.

[Hierzu siehe den beigefügten Plan.]

New-York, welches sowohl der Größe seiner Bevölkerung, als auch der Bedeutung seines Handels wegen den Namen der "Empire City" mit vollstem Recht verdient, ist unter dem 40° 42' 43'' nördl. Breite und 3° 1' 13'' östl. Länge [von Washington aus], an der Mündung des Hudsons, 18 Meilen vom atlantischen Ocean gelegen, mit dem es durch eine enge Wasserstraße, die "Narrows," in Verbindung steht.

Stadt und County New-York erstreckt sich über die dreizehn und eine halbe Meilen lange und durchschnittlich ein und dreifünftel Meilen breite, zweiundzwanzig Quadrat-Meilen oder 14,000 Acker umfassende Manhattan-Insel, nebst den etwa 400 weitere Acker Landes enthaltenden Inseln: Randals-, Wards-, und Blackwells-Island im East-River, welche zu verschiedenen städtischen Wohlthätigkeits-, Besserungs-, und Straf-Anstalten benutzt, sowie Bedlos-, Ellis- und Governors-Island in der oberen Bai, welche von der Ver. Staaten Regierung zu Hafenbefestigungen benutzt und befestigt sind.

Die Manhattan-Insel ist im Norden durch den Harlem River und den Spuyten Creek vom festen Lande geschieden. Im Osten trennt der East-River sie von Long Island und im Westen der Hudson von New-Jersey. Sie erstreckt sich von ihrer südlichsten Spitze, der Battery mit dem nunmehr zum Einwanderungs-Depot dienenden „Castle-Garden" aus, gegen Norden. Der East-River fließt in einer Länge von etwa sechszehn Meilen vom Long Island Sund aus in den Hafen, und hat an der Stadt eine Breite von ein Drittel bis eine halbe Meile. Der Hudson-River ist an der westlichen Seite der Stadt, ein bis eine halbe Meile breit und bespült am andern Ufer New-Jersey. Die obere Bai des Hafens dehnt sich vom Süden der Stadt aus acht Meilen hinaus, hat eine Breite von ein und ein halb bis fünf und ein halb Meilen und eine Tiefe, die vollständig für die größten Schiffe hinreicht. Ganz umschlossen vom Land, bietet sie den sichersten Schutz gegen Wind und Sturm, sowie sie den Winter über auch nicht einfriert. Die untere, durch die Narrows mit der oberen Bai verbunden, dreizehn Meilen von der Battery entlegen, erstreckt sich bis Sandy Hook in die See, und ist ebenfalls von den schwersten Schiffen passirbar.

Die Stadt New-York erhebt sich von der Battery, der südlichsten Spitze von Manhattan-Island, aufwärts und ist auf eine Strecke von sechs Meilen vollständig mit Gebäuden besetzt. Auf weitere vier Meilen nördlich gegen Harlem ist dies jedoch nur theilweise und unterbrochen der Fall. An der Westseite zieht sich die Häuserreihe ununterbrochen hin bis zur 59. Straße oder den Central Park; während von da aus weiterhin bis zur 87. Straße die Häuser wiederum nur zerstreut stehen.

1

Mit Hülfe des hier beigegebenen Planes kann sich selbst der Fremde leicht zurecht finden, wenn er die eigenthümliche Ausdehnung der Stadt von Süden nach Norden und ihre Lage quer von Osten nach Westen beachtet. So zieht sich von der Battery in gerader Linie bis zur 14. Straße die Hauptpulsader der Stadt hin, nämlich der weltberühmte Broadway, und scheidet sie in eine östliche und westliche Hälfte. Während dann der Broadway in stumpfem Winkel sich bis zur 59. Straße an den Central Park fort erstreckt und endlich in die Bloomington Straße [road] einmündet, übernimmt die 5. Avenue die erwähnte Scheidung. Alle parallel, zum Theil mit dem Broadway bis zur 14. Straße, von da mit der 5. Avenue von Süden nach Norden laufenden breiten Längenstraßen nennt man „Avenuen" [Avenues], während man die dieselben von Osten nach Westen durchgehenden Querstraßen einfach „Straßen" [Streets] nennt. Die 1. bis 8. Str. mit Ausnahme der 4. Str., erstrecken sich nur von Osten bis zur Bowery; von der 9. Straße an aber über die ganze Breite der Insel in nahezu gleichen Distanzen, und so aufwärts gegen Norden, so daß je einundzwanzig Häuser-Quadrate [blocks] auf eine Meile kommen. Die Nummern der Häuser der Straßen oder streets zählen zu beiden Seiten von der 5. Avenue aus; diejenigen aber der Avenuen von Süden nach Norden.

Mittelst der Stadteisenbahnen [cars] und der Omnibusse [stages] kann man billig und schnell nach irgend einem Theil [oder doch in die Nähe desselben] der Stadt gelangen.

<hr />

Die zu New-York gehörigen Inseln.

1. Im East-River.

Blackwell's Island dehnt sich parallel mit der Manhattan-Insel von 48. bis 83. Straße aus. Auf derselben findet sich das Straf-Arbeitshaus [Penitentiary], für 800 bis 1000 Gefangene eingerichtet; dann das Armenhaus für die Stadtarmen, und das Arbeitshaus. Am nördlichen Ende der Insel befindet sich das Irrenhaus [Lunatic Asylum], und am südlichen das Krankenhaus für Blatternkranke. Diese Gebäude sind sämmtlich von den Steinen erbaut, welche von den Gefangenen auf der Insel selbst gebrochen wurden. Die Anstalten kann man, mit Ausnahme Sonntags, alle Tage besuchen.

Randall's Island liegt nördlich von dem nachfolgend erwähnten Ward's Island. Auf ihr ist eine großartige Kindererziehungs-Anstalt und eine Schule für die Kinder der Armen, sowie endlich eine Versorgungs-Anstalt für solche, die nicht „weltläufig" sind und für ihr Fortkommen nicht selbst sorgen können. Auch wird ein Theil der Insel als „Pottersfield," oder zum Begräbnißplatz für Fremde und Arme benützt.

Ward's Island liegt an der Vereinigung des East-Rivers mit dem Hudson, gerade über dem unter dem Namen „Hellgate" bekannten, nun zur Sprengung vorbereiteten Wasserwirbel und gegenüber der 100. und 114 Str. [nahe an Harlem], und wird zu einem Emigranten-Hospital benützt.

3

2. In der Bai.

Bedloe's Island liegt 2963 Yards südwestl. von der Battery und ist von der Ver. Staaten Regierung besetzt und mittelst des „Fort Smith" befestigt.

Ellis's Island liegt unfern der vorigen Insel, aber nur 2053 Yards von der Battery. Auch es ist von der Ver. Staaten Regierung besetzt und mittelst des „Fort Gibson" befestigt.

Governor's Island liegt in der Bai nur 1090 Yards von der Battery entfernt, hat einen Flächeninhalt von 72 Acker Land und ist ebenfalls von der Ver. Staaten Regierung besetzt. Auf ihrer Höhe liegt das „Fort Columbus," in Sternform erbaut und mit 120 Stück schweren Geschützes bewehrt. An dem nordwestlichen Abhange steht „Castle Williams," ein runder Bau von 60 Fuß Höhe und 600 Fuß Umfang, und wohlbewehrt. Eine Befestigung im südwestlichen Theil beherrscht den sogenannten Buttermilch=Canal, zwischen der Insel und dem Ufer von Long Island. Das Fort kann man von Whitehall Str. aus besuchen, wo man sich auf einem Boot übersetzen läßt, und je nach der Zeit, die man dort verweilt, 12½ bis 25 Cents bezahlt.

———

Die Einwanderungs-Commission,

oder

Der Castle-Garden.

Diese alte Besestigung wurde im Jahre 1855 von der vom Staate New=York ernannten Commission zum Schutze der Einwanderung gemiethet, und durch allmählige Verbesserungen auf den Stand erhoben, welchen dieses Institut jetzt einnimmt, und für die gesammte Einwanderung in jeder Richtung hin nützlich und segensreich zu wirken im Stande ist.

Für Einwanderer gelten in dieser Anstalt nachstehende Verhaltungsmaß= regeln:

1. Alle Einwanderer werden bei ihrer Ankunft im Hafen von New=York, nachdem ihr Gepäck gezeichnet ist, zu dem Einwanderungs=Landungs=Depot „Castle= Garden," frei hingeschafft. Hierbei sind dieselben jedoch auf das ernstlichste ermahnt, auf ihr nicht gezeichnetes Handgepäck ja aufmerksam zu sein.

2. Bei der Ankunft im Depot werden die Einwanderer zu dem Zwecke examinirt, ob einer derselben zurückgehalten werden muß, oder von solch schlechter Gesundheit ist, daß er der Pflege im Krankenhause bedarf. Hierauf wird eines Jeden Namen, Beschäftigung, Alter, Geburtsort und Reiseziel, nebst den nöthigen Einzelnheiten in die betreffenden Listen eingetragen.

3. Jeder Emigrant, der entweder auf einem Dampfschiffe oder auf einer Eisenbahn, wozu Reisebilleten [Tickets] im Depot verkauft werden, sich nach dem Ziele seiner Wanderung fortschaffen lassen will, kann sich mit den Beamten der Eisenbahn= Agentur 2c. in's Einvernehmen setzen und nach Belieben seine Reisetour auswählen. Der betreffende Eisenbahn=Agent 2c. ist gehalten, die Einwanderer, welche von ihm Tickets genommen, nebst deren Gepäck, entweder zu Wasser oder zu Land, in

5

☞ Im Laufe des Monats November erscheint halbwöchentlich zum ersten Male:

Der

Wohnungs - Anzeiger,

Allgemeiner Geschäfts-Vermittler

und

Haushalt = Zeitung.

~~~~~~~~~~~~~~~~~~

Derselbe bringt in systematischer Uebersicht alle Lokalitäten, welche zu miethen sind, wie möblirte und unmöblirte Zimmer, Wohnungen zu allen Mieth-Höhen Werkstätten, Läden, Geschäfts=Lokalitäten, Versammlungsräume ꝛc. nach den verschiedenen Wards der Stadt New=York und den Distrikten der sämmtlichen Umgebung, so daß nicht blos ein jeder Miethslustige an der Hand dieses zuverlässigen Miethrathgebers sich leicht, ohne Zeitverlust und Verdrüßlichkeiten zurecht finden kann, sondern auch die Vermiether, insbesonders wenn sie die zu vermiethenden Lokalitäten genau bezeichnen, bald ausfinden werden, daß sie mittelst Anzeigen in diesem Blatte mit weniger Mühe und Unannehmlichkeiten als bisher und schneller einen Miether gewinnen können.

Ebenso soll es mit Kaufs=Offerten jeder Art gehalten werden, indem dieselben ebenfalls nach den Wards der Stadt, der Oertlichkeit der Umgebung, der Höhe der Kaufsumme in den Kaufsobjekten übersichtliche Ordnung gestellt werden.

Dieses Blatt wird dann außer den Anzeigen solcher Geschäfte, welche mit der Versicherung oder Ausstattung von Wohnungen, oder mit der Fabrikation von Haushaltgegenständen zu thun haben, den Hausfrauen eine anziehende und nützliche Lektüre über Haushaltungssachen bieten.

Insbesondere aber eignet es sich als Organ für Real Estate Agenten, für Auctionäre und Boardinghäuser ꝛc.

Dasselbe bringt billiger als ein Tageblatt die betreffenden Anzeigen eine ganze Woche hindurch dem Publikum vor Augen, und da, wer etwas miethen oder kaufen will, erst dieses Blatt zu Rathe ziehen wird, werden die Anzeigen in ihm auch stets von mehr Erfolg begleitet sein, als in andern Blättern.

☞ Der "Wohnungs-Anzeiger" ist in allen deutschen Zeitungsläden zu 5 Cents die Nummer zu haben, in denen auch Anzeigen per Square zu 10 Linien für $1.00 entgegengenommen werden.

6

jedem Falle aber f r e i zum betreffenden Eisenbahn= oder Dampfschiff=Depot zu schaffen.

4. Noch vor dem Wegbringen des Gepäckes solcher Einwanderer, welche von einer Eisenbahn=Agentur ꝛc. Tickets gekauft haben, muß solches gewogen und jedes Stück mit der Bezeichnung seines Bestimmungsortes und der laufenden Nummer der Stücke gezeichnet, und dem Eigenthümer ein besonderer Schein behändigt werden, in welchem m i t T i n t e die Anzahl der Gepäckstücke, ihr Gesammtgewicht, ihr Ue= bergewicht mit den Kosten des Transportes an den Bestimmungsort, deutlich einge= tragen, und ebenso mit T i n t e, als ein Empfangschein von einem der hierzu er= mächtigten Vertreter der Eisenbahn=Agentur ꝛc. unterzeichnet sein muß.

5. Die Namen all' der Einwanderer, welche von Freunden und Verwandten erwartet werden, werden verlesen, und Diejenigen, welche darauf antworten, wer= den zu den sie Erwarteten zugelassen.

6. Die Gallerie und der Parterreraum steht neu angekommenen Einwanderern zur freien Benutzung, bis sie das Depot verlassen können, und erwartet man von ihnen Reinlichkeit sowohl in Bezug dieser Räumlichkeiten wie auch ihrer Person; zu welch' letzterem Behufe eigene Washräume vorhanden sind.

7. Einwanderer, welche in die Stadt hinaus und in Kost und Logis gehen wol= len, können sich mit den Wirthen, welche im Depot zugelassen werden und zu die= sem Behufe im Parterre warten, verständigen. Und jeder solcher Wirth, der einen Einwanderer mit sich nehmen will, muß demselben eine Karte einhändigen, auf der sein Name und seine Adresse, sowie die Preise für Kost und Logis [Boarding] per Tag, per Woche. für einzelne Mahlzeiten oder für einmaliges Uebernachten, in Gold und in Papiergeld stehen muß.

8. Einwanderer, welche zu essen und zu trinken kaufen wollen, können solches an den Brodständen und in der Restauration des Depots nach den vorgeschriebenen Preisen, welche an den Ständen ꝛc. angeschlagen sind, erhalten.

9. Einwanderer, welche in der Stadt New=York oder Umgegend bleiben wollen, müssen die Kosten der Fortschaffung ihres Gepäckes selbst tragen, und wird für sie eine Bagage=Expreß im Depot zugelassen.

10. Einwanderer, welche Beschäftigung suchen, müssen sich an den Aufseher des A r b e i t s = B u r e a u ' s wenden, und können Gebrauch von dem mit dem Depot in Verbindung stehenden Intelligenz=Bureau machen.

11. Einwanderer, welche über Nacht Geld oder andere Werthsachen in Verwahr geben wollen, müssen sich an den General=Agenten oder Superintendenten wenden, der ihnen über das Empfangene einen Schein ausstellt. Den Angestellten ist es aber nicht erlaubt, Geld oder Werthsachen von den Einwanderern in Empfang zu neh= men, außer nach der Geschäftszeit, und dann müssen dieselben nicht nur einen Schein darüber ausstellen, sondern dem General=Agenten so bald als möglich Bericht hier= von abstatten.

Die Paragraphen 12 bis 16 betreffen die B o a r d i n g s w i r t h e ; Paragraph 17 die Erlaubniß der Vertheilung religiöser Schriften, und 18 die Gestattung des Zutrittes von Geistlichen ꝛc. in die Krankenzimmer.

19. Die Geschäftsstunden beginnen im Landungs=Depot von 7 Uhr Vormit= tags vom 1. Mai bis zum 1. November, und um 8 Uhr Vormittags vom 1. Novem= ber bis zum 1. Mai; und die Clerks, welche für die Einwanderer Briefe an deren

7

WM. M. WERMERSKIRCH,

Notar und Ver. Staaten Passport-Agent,

No. 35 Wall Str., (Basement.)

HENRY EISTRUP,

Hotel, Restauration und Salon,

No. 71 Essex Str., zwischen Grand und Broome Str.

Empfiehlt sich dem geehrten Publikum unter Zusicherung reeller Bedienung.

☞ Abonnements auf den monatlich vier Mal erscheinenden

" Arbeitgeber,"

Archiv für die gesammte Volkswirthschaft

[Mit der Liste der in Europa verliehenen Patente],

dessen Lektüre dem Arbeiter, Handwerker, Industriellen und jedem Geschäftsmanne von Nutzen ist, werden für $1.00 per Vierteljahr entgegengenommen und direkt per Post geliefert durch das

Geschäfts Bureau

für

Gewerbe, Industrie u. Landwirthschaft,

von

A. Paul,

welches auch

Patente und Agenturen

für den Absatz preiswürdiger Maschinen, Geräthe, u. s. w. in allen Staaten Europa's durch das Patent= und Maschinen=Geschäft des „Arbeitgebers" in Frankfurt a. M. besorgt.

☞ Schriftliche Mittheilungen und Aufträge in care of 52 Avenue A, New=York.

Freunde zu schreiben haben, müssen während deren Landung und Einregistrirung an ihren Plätzen sein.

20. In den inneren Raum darf außer den Beamten und Angestellten des Depots, sowie der Eisenbahn-Agenten ꝛc. Niemand ohne besondere Erlaubniß des Superintendenten eintreten.

21. Ohne Bewilligung des „Castle-Garden-Committees" darf Niemand im inneren Raume ein Geschäft als Clerk, Ticketverkäufer oder Dollmetscher treiben und Niemand, der Zutritt im Depot hat, darf für irgend einen den Einwanderern geleisteten Dienst unter irgend einem Vorwande eine Belohnung fordern oder annehmen.

22. Jeder Angestellte dieses Departements erhält ein Dienstzeichen, das seine Stellung bezeichnet und das er tragen muß, während er im Dienste ist.

23. Das Bureau, welches Freunden ankommender oder erwarteter Einwanderer Auskunft ertheilt, wird ebenfalls wie vor geöffnet, bleibt so lange offen als der Superintendent bestimmt. Man braucht daselbst dem Clerk nur die Namen der Erwarteten, sowie den Namen des betreffenden Schiffes, mit welchem jene kommen sollen, nebst eigenem Namen und Adresse aufzugeben. Sie können bei der Landung der Betreffenden in dem Bureau warten, bis die Erwarteten ihnen zugeführt werden; haben aber dann, um die Geschäftsführung nicht zu stören, das Bureau mit den Empfangenen zu verlassen.

24. Vor dem Weggehen solcher Eingewanderter müssen diese aber, wenn sie ihr Gepäck weggebracht haben wollen, die nöthigen Anweisungen in der Expreß-Office hinterlassen.

25. Alle Dienste, welche den Eingewanderten oder ihren Freunden erwiesen werden, sind u n e n t g e l t l i c h u n d o h n e A u s l a g e n.

26. Auch das Arbeits- und Intelligenz-Bureau wird um selbe Zeit geöffnet und bleibt so lange offen als der Superintendent es anordnet. Seine Dienste sind sowohl für solche f r e i, die Arbeit geben, als für Eingewanderte, welche solche suchen.

27. Einwanderer und ihre Arbeitgeber sind ersucht, ehe sie dieses Bureau verlassen, den Inhalt ihres Uebereinkommens, Name, Alter und Ankunft des Eingewanderten, sowie Name und Adresse des Arbeitgebers, von dem Clerk in die Register eintragen zu lassen.

28. In dem Eisenbahn-Departement ꝛc. müssen die Agenten bei der Landung von Eingewanderten und so lange ihre Dienste erforderlich sind, an Ort und Stelle sich befinden und nach den gegebenen Regeln sich richten.

29. Sie müssen die Emigranten, wenn solche von ihnen andere Auskunft, als über Eisenbahnen verlangen, an die betreffenden Beamten verweisen.

30. Die Eisenbahn-Agenten ꝛc. und ihre Beamten dürfen im Depot für Eisenbahn ꝛc. Tickets und Uebergewicht des Gepäckes Bezahlung in Gold oder Silber empfangen, und ist ihnen erlaubt für dieses Gold oder Silber in Currency e i n Prozent des Marktpreises zu berechnen; wobei sie aber dem betreffenden Einwanderer einen gedruckten Streifen aushändigen müssen, der die Zahl und die Benennung des gekauften Geldes oder vielmehr die betreffenden Preise, und den ganzen Betrag, der bezahlt wurde, enthält.

31. Die Eisenbahn-Agentur ꝛc. muß monatlich an das „Castle-Garden-Committee" über die Anzahl der beförderten Einwanderer und deren Reiseziele einberichten.

32. Niemand kann ohne Einwilligung und Genehmigung des „Castle=Garden=Committees" bei der Eisenbahn=Agentur 2c. angestellt werden.

33. Geldwechsler, welche im Depot zugelassen werden, müssen bei der Landung von Einwanderern an ihren Plätzen sein, um Denjenigen Geld zu wechseln, die solches wünschen.

34. Sie müssen täglich eine Liste der currenten Marktpreise, und der Preise, welche sie für jede Benennung zahlen, anschlagen, und dürfen dabei e i n Prozent berechnen.

35. Desgleichen müssen sie wie oben (§ 30.), dem betreffenden Einwanderer einen gedruckten Streifen über das geschehene Wechselgeschäft einhändigen.

36. Der Restaurateur im Depot muß im Sommer um 6 Uhr und im Winter um 7 Uhr Morgens öffnen, und so lange offen halten, als die Einwanderer etwas haben wollen; auch muß er eine monatlich controllirte Preisliste angeschlagen haben.

37. Die Waschräume sind von 6 Uhr Vormittags bis in die Nacht hinein offen.

38. Das Krankenzimmer ist blos zur Aufnahme von Kranken bestimmt.

39. Erkrankt ein Einwanderer in der Nacht, oder wird er schon krank eingebracht, so soll er sogleich in das Krankenzimmer gebracht, und muß ohne Verzug dem Arzte hiervon Bericht erstattet werden.

N.B. — Das „Committee des Castle Gardens" ersucht auf's ernstlichste, irgend welche Beschwerden bei dem General=Agenten oder dem Superintendenten anzubringen, und alle Verletzungen dieser Verhaltungsmaßregeln anzuzeigen.

Consuln
fremder Länder, welche in New-York residiren.

Argentinische Republik, Edward F. Davison, 128 Pearl Str.

Belgien, Chs. Mali, 45 Worth.

Bolivia, J. M. Munoz, 63 Pine.

Brasilien, L. H. F. d'Aguiar, 13 Broadway.

Chili, Stephen Rogers, 249 West 42. Str.

Costa Rica, Alfred C. Garsia, 19 Broadway.

Dänemark, C. F. Christiansen, Henry Str.

Deutschland, Johannes Rösing G. C.; William Bach, Consul; Frederic Hinkel, V. C.; 2 Bowling Green.

Dominica, D. A. Delima, 23 William.

Ecuador, Nicholas N. Ansado, 19 Old Slip.

Frankreich, A. L. Delaforest, G. C., 4 Bowling Green.

Griechenland, Demetrius N. Botassi, 47 Exchange Place.

Groß=Britanien, Elwin M. Archibald, G. C.; Pierrepont Edwards, V. C.; 17 Broadway.

Guatemala, Bartolemé Blanco. 13 South William.

Hawaiian Inseln, S. U. F. Odell, 24 Beaver.

Hayti, Charles A. Vanbokkelen, 29 Francfort.

Honduras. E. G. Squier, 135 Ost 39 Str.

Italien, Ferdinando de Luca, G. C.; A. B. Bajnotti, V. C.; 7½ Broadway.

Liberia, Henry M. Schifflein 42 Bibelhaus.

Mexico, Juan N. Navarro, 52 Exchange Pl.

Monaco, L. Dejardin, 4 Bowling Green.

Nicaragua, Alex. J. Cotheal, 59 William.

Niederlande, Rudolph C. Burlagh,

11

LINDENMEYR & BRO.,

Paper Warehouse

NO. 15 BEEKMAN ST.,

New-York.

G. C., J. N. Zimmermann, B. C., 45 Erchang Place.

Norwegen, Christian Bors, 13 Exchange Pl.

Oesterreich, Theodor A. Havemeyer, G. C; Hugo O. Fritsch. B. C.; 33 Broadway.

Paraguay, N. Mullowney, 91 Wall

Peru, José C. Tracy, 26½ Broadway

Portugal, Antonio M. da Cunha, Pertra de Sotto Major, G. C.; Gustav Amsink, B. C.; 148 Pearl.

Rußland, Walbemar Bodisco, G.C; Robert Schultze, B. C.; 52 Exchange Place.

Salvador, José J. Ricon, 63 Pine.

Spanien, Hippolita de Uriarte, G.C; Frederico Granados, B. C.; 29 Broadway.

Schweden, Christian Bors. 18 Exchange Place.

Schweiz, Louis P Deluze. 23 John.

Türkei, C. Décanyan, 66 Broadway.

Ungarn, siehe Oesterreich.

Uruguan, Edwin C. B. Garlsa, G. C.; A. D. Valentine, B. C.; 19 Broad Str.

Venezuela, Florencio Ribas, 123 Front.

Zeitungen und Zeitschriften,

welche in New-York erscheinen.

1. Deutsche Blätter.

Alte und Neue Welt, [m.] 9 Dey Str.

American Agriculturist, [m.] 245 Broadway.

Amerikanischer Botschafter, [m.] 150 Nassau

Amerikanischer Brauer, [w.] 5 Francfort.

Atlantische Blätter, [w] 24 Stanton.

Neue Heim, das, [w.] 43 Chatham.

Beobachter am Hudson, [w.] 75 Chatham

Freischütz, [w.] William Str.

Deutsch-Amerikanisches Conversations Lexicon, [h m.] 82 Nassau.

Deutsch-Amerikanische Bibliothek, [w] 22 & 24 Francfort.

Deutsch-Amerikanische Furmer-Zeitung [6 m.] 10 Spruce.

Deutscher Volksfreund, [w.] 150 Nassau.

Freidenker, [m.] 27 Chatham.

Illust. Zeitung, Leslie's, 537 Pearl.

Nachrichten aus Deutschland und der Schweiz. [w.] 118 William.

N. Y. Abendzeitung, [t] 24 Stanton.

N. Y. Belletristisches Journal, [w.] 40 John.

N. Y. Demokrat, [t] 75 Chatham.

N.Y. Handelszeitung, [w] 37 William.

N. Y. Musikzeitung, [w.] 40 John.

N. Y. Staatszeitung, [t. u. w.] 17 Chatham.

N.Y. Tagesnachrichten [t.] 19 Chatham

Novellenschatz, [h. m.] 19 Dey.

Oestliche Post, [t.] 12 William.

Sonntagszeitung, [w.] 17 Chatham.

Weinzeitung, [w.] 45 Bearer.

Zündnadel, [w.] 43 Chatham.

2. Die hervorragendsten anglo-amerikanischen Blätter.

Herald, [Morgenblatt].
Journal of Commerce.
Sun.
Times.
Tribune.
World.
Bulletin, [Abendblatt].
Commercial Advertiser.
Evening Press.
Evening Post.
News.
Telegram.

Hearth and Home, [Landwirthsch.]
Moore's Rural New Yorker.
American Agriculturist.
American Artisan. [Gewerbe ꝛc.]
Engineering and Mining Journal.
Iron Age,
Scientific American.
Manufacturer and Builder.
Industrial Journal.
Van Nostrand's Eclectic Engineering Magazine.

13

TAMSEN & DETHLEFS,

No. 52 Avenue A,

Nahe der 4. Str.   New-York.

Buchhandlung und Leih-Bibliothek,

☞ Unsere **Leihbibliothek** ist entschieden eine der größten und reichhaltigsten dieser deutschen Institute in unserer Stadt. Ihr zwanzigjähriges Bestehen hat sie mit Recht populär in deutschen Kreisen gemacht. Die Bedingungen und Lesegebühren sind äußerst mäßig. Durch sofortige Einverleibung der erscheinenden neuesten Produkte wird unsere Leihbibliothek stets, selbst für langjährige Abonnenten, des interessanten Stoffes zur Genüge enthalten.

☞ Kataloge stehen Jedem gratis gerne zur Verfügung.

☞ In unserer **Buchhandlung** stets vorräthig:

Sämmtliche in den hiesigen deutschen und englischen Schulen eingeführten Lehrbücher, Schreib= und Zeichnungs=Vorlagen.

Die beliebtesten Jugendschriften und Bilderbücher.

Alle Werke und Gedichte der bekanntesten Classiker, wie: Schiller, Goethe, Heine, Lessing u. s. w.

Dolmetscher und Grammatiken nach der leichtesten Methode, binnen Kurzem die englische Sprache zu erlernen.

Ansichten von allen größeren Städten Deutschland's.

☞ Wir offeriren billig:

Schiller's Werke, broch., 4 Bände	$1 75
„ „ geb. 4 „	3 00
„ Gedichte, broch.	0 25
„ „ geb.	0 40
Goethe's Werke, broch. in 36 Bänden	4 25
Humboldt's Kosmos, 1 Band	5 00
Schiller's Werke, geb., 1 Band	1 50
Goethe's „ „ 1 „	4 50
Lessing's „ „ 1	1 50
Koerner's „ „ 1 „	1 25
Shakespeare's Werke, geb., 9 Bände	6 50
„ „ „ 12 „	4 00

☞ Von Kochbüchern, Theaterstücken, für Dilettantenbühnen geeignet, Dictionaires rc. haben wir immer ein reichhaltiges Lager.

☞ **Agentur europäischer Zeitungen.** Ordres auf jede Zeitschrift werden prompt effectuirt.

Oeffentliche Bibliotheken.

Apprentices, 472 Broadway. — Offen täglich von 8 Uhr Vormittags bis 9 Uhr Abends. Frei für Lehrlinge und Frauenspersonen, welche bei Kaufleuten oder Gewerbsleuten im Dienste stehen; Gesellen und Andere zahlen $2.00 per Jahr.

Astor, Lafayette Pl., nahe Astor Pl. — Offen täglich (ausgenommen an Sonn- und Feiertagen), von 9 Uhr Vormittags bis 5 Uhr Nachmittags; frei.

City, 12 City Hall. — Offen täglich von 10 Uhr Vormittags bis 4 Uhr Nachmittags; frei.

Cooper Union, 7. Str., Ecke 4. Av. — Offen von 8 Uhr Vormittags bis 10 Uhr Abends; frei.

Harlem, 2238, 3. Av. — Offen von 2 bis 7 Uhr Nachmittags; $2 00 per Jahr.

Library of the American Institute, Cooper Union. — Offen täglich von 9 Uhr Vormittags bis 9 Uhr Nachmittags; Mitglieder des Instituts entrichten $5.00 Eintritts- und jährlich $3 00 Beitragsgelder.

Mercantile Library Association, Astor Pl. — Offen von 8 Uhr Vormittags bis 9 Uhr Abends, (hat ein Zweiglokal für die untere Stadt in 51 Liberty Str.) — Nur für Mitglieder; Commis zahlen $1.00 zum Eintritt und $4.00 pro Jahr; Kaufleute und Andere aber $5.00 jährlich. Das Lesezimmer ist offen von 8 Uhr Vormittags bis 10 Uhr Abends. N. B. In dieser Bibliothek liegen die wöchentlichen illustrirten Patentberichte auf.

Mott Memorial Free Medical, 64 Madison Av. — Offen von 11 Uhr Vormittags bis 1 Uhr Nachmittags und von 7 bis 10 Uhr Abends.

New-York Society, 47 University Pl. — Offen von 8 Uhr Vormittags bis 6 Uhr Abends, und das Lesezimmer von 8 Uhr Vormittags bis 10 Uhr Abends. — Mitglieder zahlen $25 00 für übertragbares Recht und tragen jährlich $10.00 bei; zeitweilige Subscription kommt auf $15 00 jährlich, $8 00 für 6 Monate, und $5.00 für 3 Monate zu stehen. Freiantheile ab. r kosten $150.00 ein für allemal.

Printers, (für Buchdrucker), 3 Chambers Str. — Offen am letzten Samstag eines jeden Monats. Die Bibliothek enthält über 4000 Bände; für Benutzung der Bibliothek zahlen Mitglieder nur $1 00 per Jahr.

Washington Heights, nahe der West 160. Str. — Offen 10 Uhr Vormittags.

Women's, 38 Bleecker Str. — Offen täglich von 9 Uhr Vormittags bis 4 Uhr Nachmittags; Mitglieder zahlen $1.50 per Jahr.

Young Men's Christian Association, hat an folgenden Plätzen ihre Lokale durch die ganze Stadt zerstreut: an East 23. Str., Ecke 4. Av.; in 3. Av., Ecke von East 122. Str; 285 Hudson Str.; 473 Grand Str.; 285 Bleecker Str. — Offen täglich von 8 Uhr Vormittags bis 10 Uhr Abends, und an Sonntagen von 1 Uhr Nachmittags bis 9 Uhr Abends. Mitglieder bezahlen, und zwar Personen unter 40 Jahren alt, jährlich $5 00, und solche darüber alt, $8.00 per Jahr. Lebenslängliche Mitgliedschaft kostet $100.00.

☞ Wir machen hier auf unsere reichhaltige **Leihbibliothek** aufmerksam; Kataloge stehen zu Diensten.

Tamsen & Dethlefs,

52 Avenue A.

Bilder- und Kunst-Gallerien etc.

Bogardus, 1153 Broadway, [frei.]
Goupil & Co., 170 5. Av. [frei],
Gurney, 103 5. Av. [Photograph. frei].
Historische Gesellschaft, Ecke 2. Ave. und 11. Str., [Durch Einführung].
Howell, 897 Broadway, [Photographische, frei].
International, M. J. Paillard & Co., 630 Broadway, [frei].
Sarony & Co., 680 Broadway, [Photographische, frei].
Schaus, W., 749 Broadway, [frei].
Snedecon, J., 768 Broadway, [frei]·
Zeichnungs-Akademie, 4. Ave., Ecke von 23. Str.

☞ Siehe auch die Anzeigen der **Photographischen Gallerien** der Herren **Merz**, Ecke Houston und Essex Str., und **Ulrich**, No. 156 Bowery.

Theater, Conzertsäle u. dgl.

[PLACES OF AMUSEMENT.]

Akademie of Music, Irving Place, Ecke von Ost 14. Str.
Anatomisches Museum, 745 Broadway.
Appollo Hall, 1193 Broadway.
Booth Edwin, 370 6. Avenue.
Bowery Theater, 48 Bowery.
Broadway Theater, 728 Broadway.
Bryant, Dan, 117 West 23. Str.
Central Park Garden, 7. Ave., nahe West 59. Str.
Fifth Avenue Theater, 2 West 24. Str.
Grand Opera Haus, 265 8. Ave.
Lina Edwins Theater, 718 Broadway.
Museum of Anatomie, 21 Bowery und 576 Broadway.
New-York Circus, 113 Ost 14. Str.
Niblo's Garden, 576 Broadway.
Olympic Theater, 622 Broadway.
Pastor, Tony, 201 Bowery.
St. James Theater, West 28. Str., nahe Broadway.
San Francisco Minstrels, West 23. Str., nahe Broadway.
Germania-Theater, 14. Str. nahe 3. Avenue.
Steinway Hall, 109 Ost 14. Str.
Theater Comique, 514 Broadway.
Union Square Theater, 56 Ost 14. Str.
Wallack, John, 844 Broadway.
Wood, George, 1221 Broadway.

Henry Merz,

Photographische

Gallerie,

Cor. Houston & Essex Str.

☞ Photographien in Oel, Wasserfarben, Pastell und Crayon in vorzüglich künstlerischer Ausführung.

☞ **Kindern** und **Gruppen** wird die größtmöglichste Sorgfalt und Geduld gewidmet.

☞ **Musterkarten** für Fabrikanten und Kaufleute zu den billigsten Preisen.

 **Vollste Zufriedenheit garantirt.**

Entfernungen in New-York.

1. Westseite.

Am Broadway entlang.

Von	Bis Battery Pl. (Castle Garden)	Bis City Hall.
Dey Str.	½	—
City Hall	¾	—
Worth Str.	1	¼
Canal Str.	1¼	½
Houston Str.	1¾	1
4. Straße	2	1¼
9. "	2¼	1½
14. "	2½	1¾
23. "	3	2¼
33. "	3½	2¾
42. "	4	3¼

Und stets eine Meile dazu für jede weiteren zwanzig Straßen.

2. Ostseite.

Am Broadway, und der Chatham Str., der Bowery und der 3. Ave. entlang.

Von	Bis Battery Pl. (Castle Garden.)	Bis City Hall.
Dey Str.	½	—
City Hall	¾	—
Pearl, E. v. Chatham	1	¼
Chatham Sq.	1¼	½
Canal Str., Ecke von Bowery	1½	¾
Broome, E. v. Bowery	1¾	1
Stanton, "	2	1¼
3. Str. "	2¼	2½
8. " E. v. 3. Av.	2½	2¾
18. " "	3	3¼
23. " "	3¼	3½

Und stets eine Meile dazu für jede weiteren zwanzig Straßen.

3. Quer über die Stadt.

Vom Pier 1 im North River über Battery Place und Whitehall Str. bis zum East River	½	Meile.
Vom Fuße der Dey Str., N. R., zum Fuße von Fulton Str., E. R.	¾	"
" Chambers Str., über Chambers, New Chambers, sowie James' Slip nach dem East River	1	"
Vom Fuße von Canal Str., N. R., zum Broadway	¾	"
" " " Bowery	1⅛	"
" " " Fuße der Grand Str., E. R.	2⅛	"
Vom Fuße der Houston Str., N. R., zum Fuße von Houston E. R.	2⅛	"
" 14. Str., N. R., bis zum Broadway	1⅛	"
" " " 14. Str., E. R	2⅜	"
" 23. Str., N. R. zur 6. Avenue	1	"
" " zum Fuße der 23. Str. E. R.	2⅜	"

Nördlich über die 23. Straße hinaus hat die Insel eine durchschnittliche Breite von zwei bis zwei und dreiachtel Meilen.

Markthäuser.

Fulton Markt, Fulton Str., E. R.
Washington, Fulton Str., N. R.
Centre, Grand und Centre Str.
Catherine, Catherine Str., E. R.
Tompkins, 3. Av. und 6. Str.
Essex, Grand und Ludlow Str.
Jefferson, 6. Av., Ecke von Greenwich Av.
Franklin Markt, Old Slip, E. R.
Greenwich, West und Christopher Str.
Clinton, Washington und Canal Str.
Union, 2. Str. und Houston Str.
Monroe, Corlears und Monroe Str.
Gouverneur, Water, Ecke Gouverneur Str.

Etablirt seit 1859.

Photographisches Atelier

von

Friedrich Ulrich,

No. 156 BOWERY,

Nahe Broome Str., zwischen Broome und Spring Str., New-York.

~~~~~~~~~~~~~~

☞ Portraits jeder Art und Größe auf's eleganteste und geschmackvollste ausgeführt.

☞ Aufnahme von **Kindern** und **Gruppen** wird besondere Sorgfalt gewidmet.

☞ Portraits in **Oel, Aquarell** und **Crayon** auf's sauberste ausgeführt.

☞ **Bilder von Verstorbenen** in jeder Größe bis zur Lebensgröße auf's ähnlichste copirt.

☞ **Reproductionen** jeder Art correct und billig.

☞ Durch eines der größten Sky Lights in New-York bin ich in den Stand gesetzt, Aufnahmen von **Trade Samples** für Reisende, Agenten u. s. w. von **Furniture, Casts** etc. in jeder Größe gut und billig zu liefern.

☞ Portraits nach Europa oder in's Land werden unentgeltlich verpackt und per **U. S. Parcel Post** auf's billigste befördert.

☞ **Rahmen** in Vergoldung und Wallnuß stets zu billigen Preisen vorräthig.

20

Lage der Schiffs-Landungsplätze.

[PIERS.]

1. Im North-River.

No.
1. Battery Pl.
2, 3. Battery Pl. und Morris Str.
4. Morris.
5, 6, 7. Morris u. Rector
8. Rector.
9, 10. Rector u. Carlisle.
11. Carlisle.
12. Albany.
13. Albany und Cedar.
14. Cedar.
15. Liberty.
16. Liberty u. Cortlandt.
17, 18. Cortlandt.
19. Cortlandt u. Dey.
20. Dey.
21. Fulton.
22, 23, 24. Fulton u. Vesey.

No.
25. Vesey.
26. Vesey und Barclay.
27. Robinson.
28. Murray.
29. Warren.
30. Chambers.
31. Duane.
32. Duane und Jay.
33. Jay.
34. Harrison.
35. Franklin.
36. North Moore.
37. Beach.
38. Hubert.
39. Vestry.
40. Watts.
41. Hoboken.

No.
42. Canal.
43. Spring.
44. Spring und Charlton.
45. Charlton.
46. King.
47. West Houston.
48. Clarkson.
49. Leroy.
50. Morton.
51. Christopher.
52. West 10.
53. Charles.
54. Perry.
55. Hammond.
60. West 13.
61. „ 17.
62. „ 18.

2. Im East-River.

No.
1, 2. Whitehall Str.
3, 4. Moore und Broad.
5. Broad u. Coenties Sl.
6, 7. 8. Coenties Sl.
9, 10. Coenties u. Old Sl.
11, 12. Old Sl.
13. Old Sl. und Govornors Lane.
14. Jones Lane.
15, 16. Wall.
17. Pine.
18. Maiden Lane.
19 Fletcher.
20, 21. Burling Sl.
22. Fulton.
23. Beekman.
24. Beekman u. Peck Sl.
25, 26. Peck Sl.
27. Dover.

No.
28. Dover u. Roosevelt.
29. Roosevelt.
30. Roosevelt u. James Sl
31, 32. James Sl.
33. Oliver.
34, 35. Catherine
36. Catherine u. Market.
37, 38. Market.
39. Market und Pike.
40, 41. Pike.
42. Pike und Rutgers.
43, 44. Rutgers.
45. Rutgers u. Jefferson.
46. Jefferson.
47. Jefferson u. Clinton.
48. Clinton.
49. Clinton und Montgomery.

No.
50. Montomery.
51, 52. Gouverneur.
53 Jackson.
54. Corlears.
55. Cherry:
56, 57. Broome.
58, 59. Delancey.
60. Rivington.
61. Rivington u. Stanton.
62. Stanton.
63. East Houston.
64. 5. Str.
65, 6. „
66. 7. „
67. 8. „
68. 9. „
69. Ost 10.
70. „ 11.

Hafenmeister.

HARBOR MASTERS.

Unter der Leitung eines Hafen-Capitäns, Office, No. 158 Pearl Str , sind elf Hafenmeister angestellt und mit ihren Officen in folgende Distrikte vertheilt:

1. Vom Pier 41 bis E. R., 261 Southstr.
2. „ 26—40 „ 168 „
3. „ 19—26 „ 83 „
4. „ 13—19 „ 69 „
5. „ 8—13 „ 52 „
6. Von Whitehall bis Pier 8, E. R., 26 Coentis Sl.
7. Von der Battery bis Pier 9, 68 Westst.
8. Vom Pier 9—25 N. R., 80 „
9. „ 26—43 „ Pier 39
10. „ 43 hinauf bis N. R., 384 West.
11. (Brooklyn), von Red Hook Point über den ganzen Hafen; Office beim Fulton Fährhause.

22

Entfernung

der größeren Orte am Hudson von New-York.

Namen der Orte	Von Ort zu Ort	Von New-York	Von Albany	Namen der Orte.	Von Ort zu Ort	Von New-York	Von Albany
New-York......	* 0	0	145	New Hamburgh*.	6	67	78
Weehawken, N.J.	1	1	144	Milton*	3	70	75
Bloomingdale ...	4	5	140	Poughkeepsie* ...	4	74	71
Bull's Ferry, N.J.	1	6	139	Hyde Park*	6	80	65
Manhattanville ..	2	8	137	Pelham.......	4	84	61
Fort Lee, N.J...	2	10	135	Rhinebeck*.....	6	90	55
Fort Washington.	1	11	134	Redhook, Lower..	7	97	48
Spuyten Duvel Creek	2	13	132	Glasco	2	99	46
Yonkers.........	4	17	128	Redhook, Upper*.	1	100	45
Hastings	3	20	125	Saugerties	1	101	44
Dobb's Ferry	2	22	123	Bristol oder Malsbn	1	102	43
Permont.......	2	24	121	Catskill*........	9	111	34
Irving.......	2	26	119	Hudson*........	5	116	29
Tarrytown	1	27	118	Coxsackie*	8	124	21
Sing Sing.....	6	33	112	Kinderhook Landing*	2	126	19
Teller's Point ...	2	35	110	New Baltimore*.	4	130	15
Grassy Point....	4	39	106	Coxymous*.....	2	132	13
Verplank's Point	2	41	104	Schodack Land'g	3	135	10
Caldwells Land'g*	3	44	101	Castleton*	2	137	8
West Point*.....	8	52	93	Overslaugh......	5	142	3
Co.d Spring	2	54	91	Albany......	3	145	0
Cornwall	3	57	88	Troy	6	151	6
New Windsor....	2	59	86				
Newburgh*	2	61	84				

Die mit Sternchen (*) bezeichneten Orte sind Anhaltspätze der von New-York nach Albany gehenden Dampfschiffe.

Entfernung

der hauptsächlichsten Städte in der Union von New-York, und innerhalb welcher Zeit sie von hier aus auf der Eisenbahn erreicht werden können.

Von New-York nach	Meilen der Entfernung	Stunden d. Reise.	Von New-York nach	Meilen der Entfernung	Stunden d. Reise.
Albany, N.Y.....	1'4	4.30	Burlington, Vt.....	296	13.30
Baltimore, Md....	188	8.00	Cairo, Ill....	1143	54.30
Bangor, Me....	484	17.50	Charleston, S.C....	829	41.45
Boston, Mass....	236	9.00	Chicago, Ill....	955	36.00
Buffalo, N.Y....	417	15.00	Cincinnati, Ohio....	889	33.00
Burlington, Jowa.........	1123	48.50	Cleveland, Ohio....	406	23.00

Tamsen & Dethleff,

No. 52 Avenue A, nahe der 4. Str., **New-York.**

Deutsche Buchhandlung.

——

☞ Empfiehlt folgende

Kalender für 1873,

welche nunmehr eintreffen und zu nachstehenden billigen Preisen verkauft werden:

Deutsch-Amerikanischer Farmer-Freund	30 Cents.
Daheim-Kalender	65 "
Kladderadatsch-Kalender	50 "
Nieritz' Kalender	45 "
Oldenburger Volks-Kalender	35 "
Steffens' Kalender	25 "
Lahrer Hinkende Bote	25 "
Sächsischer Ameisen-Kalender	25 "
Payne's Illustrirter Familien-Kalender	25 "
Dickel's Kalender	25 "
Einsiedler Kalender	25 "
Thüringer Volks-Kalender	25 "
Regensburger Marien-Kalender	25 "
Straßburger Hinkende Bote	25 "
Dickel's Kathol. Volks-Kalender	20 "
Würzburger Kath. Haus-Kalender	20 "
" Vaterlands-Kalender	20 "
" Illust. Bilder-Kalender	20 "
Dickel's Illustrirter Volks-Bote	10 "
Ueber Stadt und Land	8 "
Kleiner Illustrirter Kalender	8 "
Deutscher Reichs-Kalender	20 "

☞ Zugleich beehren wir uns besonders Ihre Aufmerksamkeit auf unser bekanntes

Geld, Wechsel, Packet und Passage-Geschäft
von und nach Europa

zu lenken.

24

Von New-York nach	Meilen der Entfernung	Stunden d. Reise.	Von New-York nach	Meilen der Entfernung	Stunden d. Reise.
Columbus, Ohio	637	24.30	Newport, Rh. J	218	9 00
Concord, N. H	270	11.35	Omaha, Nebr	1413	66.45
Council Bluffs, Jowa	1411	66 50	Portland, Me	347	14.00
Decatur, Jll	1095	41.35	Philadelphia, Pa	90	4.00
Detroit, Mich	646	25.30	Pittsburg, Pa	443	16.30
Dunkirk, N. Y	461	17 30	Richmond, Va	356	18.30
Fond du Lac, Wisc	1090	49.35	Rock Island, Jll	1095	44.45
Fort Wayne, Jnd	765	31.00	Sacramento, Cal	3082	7 Tage.
Harrisburg, Pa	197	6.55	Salt Lake City, Utah	2464	5 Tage.
Indianapolis, Jnd	969	39.00	San Francisco, Cal		8 Tage.
Joliet, Jll	950	37 55	Savannah, Ga	923	42.00
Leavenworth, Kans	1393	64.10	St. Louis, Mo	1084	47.00
Memphis, Tenn	1376	60.00	St. Joseph, Mo	1352	57.30
Milwaukee, Wisc	1000	42.30	St. Paul, Minn	1388	56.40
Macon, Ga	1471	82.10	Sioux City, Jowa	1411	69.30
Mobile, Ala	1591	84.60	Springfield, Jll	1033	43.25
Montgomery, Ala	1236	52.00	Toledo, Ohio	708	27.30
Montreal, Can	400	20.30	Vicksburg, Miss	1511	85.00
Nashville, Tenn	1089	48.10	Washington, D. C	226	10.00
New-Orleans, La	1495	72.00	Wheeling, W. B	535	22.00

☞ Durch-Tickets der Erie Eisenbahn nach allen Orten in den Ver. Staaten sind bei **Tamsen & Dethlefs, 52 Avenue A,** nahe der 4. Str., zu den currenten Preisen zu haben.

Telegraphen-Compagnien etc.

American District Telegraphen Co., 62 Broadway.
American Atlantic Cable, 58 Wall Str.
Atlantic und Pacific, 33 Broadway,
Automatic, 64 Broadway.
Erie Railway, 8. Ave., Ecke von 23. Str.
Franklin, 11 Broad Str.
Gold und Stock Telegraph Co., 61 Broadway.
International Ocean, 88 Liberty Str.
Manhattan, 122 Front Str.
New-York, Newfoundland und London, 83 Liberty Str.
Southern und Atlantic, 51 New Str.
Western Union, 145 Broadway.

Einzelne Stationen dieser Telegraphen-Compagnien sind in den meisten Eisenbahn-Officeen und größeren Hotels eingerichtet.

Die Telegraphengebühren betragen für je zehn Worte:

Nach Hartford	$0 45	und für jedes weitere Wort	4 Cents.
„ Boston	0 60	„ „ „	5 „
„ Montreal	1 20	„ „ „	7 „
„ Cincinnati	1 99	„ „ „	13 „
„ Chicago	2 05	„ „ „	14 „
„ Halifax	3 30	„ „ „	21 „
„ San Francisco	7 48	„ „ ft	57 „

Nach diesen Beispielen werden die Gebühren im Verhältnisse für jede kürzere oder längere Strecke berechnet.

Für die Adresse dessen, an welchen die Depesche gerichtet ist, sowie für die Adresse des Absenders wird nichts berechnet.

25

Pferde- oder Stadt-Eisenbahnen.

[CITY CARS oder HORSE CARS,]

1. Avenue C und Houston Str. — Geht aus von 4. Av., Ecke von 42. Str. nach Lexington Av , Ost 35 , 1. Av., O. 23., Av. A, O. 17., Av. C, 3. Str., 1. Av., O. u. W. Houston, West Str , Fuß von Chambers Str.; kehrt dann zurück durch West Str., Charlton, Prince, Stanton, Pitt, Av. C, O. 18, Av. A, O. 23., 1. Av . 36 Str., Lexington Av., O. 42. und 4. Av. — [Fahrgeld 6 Cts.]

2 Bleeker Str. und Fulton Ferry. — Geht aus von 10. Av. nach 14. Str., Hudson, Bleecker, Crosby, Howard, Elm, Read, Centre, Beekman, South, Fulton Ferry; kehrt zurück von da durch William, Ann, Park Row, Centre, Leonard, Elm, Howard, Crosby, Bleecker, Macdougal, 4. Str., W. 12., Hudson, 14. Str. und 10. Av. — [Gehen von beiden Punkten bis 12 U. Nachts.]

3. Bleeker Str. Branch, [Zweigbahn]. — Geht aus von Canal Str. nach Bowery, New Bowery, Pearl, Peck Slip, South, Fulton Ferry; kehrt zurück von da durch Fulton, Water, Peck Slip, Pearl, New Bowery, Canal, Elm, Howard, Crosby und auf derselben Bahn weiter. — [Gehen von 14. und 11. Str. bis 12.30 und von Fulton Ferry bis 1 Uhr Nachts.]

4. Broadway und Broome Str. — Geht aus von Broadway, Ecke von Broome Str. nach Broome, Greene und von da auf der derselben Bahn wie die nachstehende Broadway und Barclay; kehrt zurück auf der oben erwähnten Strecke zur Broome und von da nach Broadway. — [Geht bis 11.30 N. M. von Broome Str. aus.]

5. Broadway und University Place, [Broadway Barclay Linie.] — Geht von Broadway, Ecke von Barclay Str. aus nach Church, Canal, Greene [wo die vorstehende Bahn einmündet]. dann nach Clinton Pl., University Pl., Union Sq., Broadway, 7. Av. und 59. Str. zum Central Park; kehrt auf demselben Wege zurück bis University Pl., dann durch Wooster, über die Canal nach West Broadway, College Pl. und Barclay Str. — [Geht bis 11 Uhr N. M. vom Central Park und bis 11 45 von Barclay Str. ab.]

6. Central Park, North River und Tenth Ave. — Geht aus von der South Ferry nach Whitehall Str., Marketfield, Bowling Green, Battery Pl., West Str., 10. Ave. nach 59. Str. und dem Central Park; kehrt zurück auf derselben Tour. — [Bis 10.30 N. M. an 59. Str. und 10. Ave. und 11.30 N. M. an der South Ferry. Fahrgeld 5 Cts.]

7. Central Park, East River und Ave. A. — Geht von South Ferry nach Whitehall Str., Front, Old Slip, South Str., Grand, Houston, Av. D, 14. Str., Av. A, 23. Str., 1. Av., 59. Str. und 5 Av. zum Park; kehrt zurück durch 59. Str. und auf demselben Wege bis Av. D und 7. Str., nach Lewis, Houston, Mangin, Grand, Corlears, Monroe, Jackson, Front, Water, South Ferry. — [Bis 11.45 von South Ferry und 10.15 M. v. 59. Str. 5. Av. Fahrgeld 5 Cts.]

8. City Hall, Ave. B und 34. Str. — Geht aus von Ann Str. und Broadway, nach Park Row, Chatham Str., East Broadway, Clinton, Ave. B, 14. Str., Ave. A, 23. Str., 1. Av. 34. Str. zur Ferry; kehrt zurück auf demselben

26

Wege bis zur 2. Str., und geht dann nach Av. A. Essex, East Broadway, Chatham, Park Row und nach Ann und Broadway. — [Bis 11.46 Nachts von 31. Str. und bis 12.30 Nachts von Ann und Braoedway. Fahrgeld 5 Cents.]

9. **Desbrosses, Vestry und Grand Str.** — Geht aus von Grand Str. Ferry nach Grand, Sullivan, Vestry, Greenwich nach Desbrosses Str., und von da zur Ferry; kehrt zurück durch Desbrosses, Washington, Vestry, und von da den ganzen vorigen Weg bis zur Grand Str. Ferry. — [Bis 11.40 Nachts von Grand Str. F. und bis 12.10 Nachts von Desbrosses Str. F. aus. Fahrgeld 5 Cents.]

10. **Dry Dock und East Broadway.** — Geht aus von Ann Str. und Broadway nach Park Row, Chatham, East Broadway, Grand, Columbia, Av. D. 14 Str., und Av. A; kehrt zurück durch 14. Str. nach Av D, 8. Str., Lewis, Grand und von da den vorigen Weg bis Ann Str. und B'way. — [Bis 11 30 Nachts von 14. Str. und Av. A, und bis 12 Uhr Nachts von Ann Str. und Broadway aus]

11. **Achte [8.] Avenue.** — Geht aus von Broadway und Vesey Str. nach Vesey, Church, Chambers, West Broadway, Canal, Hudson. 8. Av. und 59. Str. zum Central Park; kehrt auf demselben Wege retour nach Chambers Str, College Place, nach Vesey Str. und Broadway. — [Diese Linie läuft alle 15 Minuten die ganze Nacht hindurch. Fahrgeld 5 Cents bis zur West 59. Str. und 10 Cents bis 125. Str.]

12. **Achte [8.] Avenue, Broadway und Canal Str.** — Geht aus von Broadway und Canal Str. nach Hudson, dann auf und ab auf derselben Bahn wie die vorherige Linie; kehrt auch auf demselben Wege bis Canal Str. wieder zurück. [Bis 11 Uhr Nachts von Canal Str. von Broadway und 10.30 Nachts vom 49. Str. Depot.

13. **Zweiundvierzigste [42.] Str. und Grand Str. Ferry.** — Geht vom Fuße der West 42. Str. aus nach 10. Av, West 31. Str., Broadway, East 23. Str., 4. Av., East 14. Str., Av. A, East Houston, Cannon und Grand Str. zur Ferry; kehrt zurück durch Grand, Goerck, East Houston, 2. Str., Av. A, East 14. Str., 4. Av., East 23. Str., Broadway, West 34. Str., 10. Av. bis zum Fuße der West 42. Str. — [Fahrgeld 5 Cents.]

14. **Vierte [4.] Avenue.** — Geht aus vom Broadway gegenüber dem Astor-Haus, nach Park Row, Centre, Grand, Bowery, 4. Av. nach 32. Str. Jeder dritte Wagen geht von da weiter durch 32. Str., Lexington Av., 34. Str. und nach der Hunterspoint Ferry. Die Rückkehr auf demselben Wege, aber von Bowery durch Broome nach Centre Str. und bis zum Astor-Haus. — [Bis 11.30 Nachts vom Astor-Haus und 10 56 Nachts von 34. Str. aus. Fahrgeld 6 Cents.]

15. **Grand und Cortlandt Str.** — Geht aus von der Grand Str. Ferry nach East Broadway, Canal, Walker, West Broadway, North Moore, Washington und Cortlandt Str. Ferry; kehrt zurück durch Cortlandt, Greenwich, Beach, West Broadway, Lispenard, Broadway, Canal und nach Grand Str. Ferry.

16. **Harlem.**—Geht aus von Park Row nach Centre, Grand, Bowery, 4. Av. East 32. Str, Lexington Av, East 34. Str. und Hunterspoint Ferry. Eine Zwrig-bahn fährt durch Madison Av. nach 73. Str. Der Rückweg ist derselbe bis es von Bowery durch Broome nach Centre St. und Park Row geht. — [Fahrgeld 6 Cts.]

17. **Neunte [9.] Avenue.** — Geht aus von Broadway und Fulton Str. durch Fulton, Greenwich, 9. Av. bis 54. Str.; kehrt zurück auf demselben Wege

27

aber durch Washington nach Fulton Str. und zum Broadway. — [Bis 10 Uhr Nachts von Fulton Str. und Broadway und 9 Uhr Abends von 54. Str. aus. Fahrgeld 5 Cents.

18. Ein Hundert und Fünfundzwanzigste [125.] Str. — Geht aus von 3. Av. Ecke von East 130. Str. durch 3. Av. nach East 125. Str. bis West 125. Str. nach dem North River; und kehrt auf demselben Wege wieder zurück.

19. Zweite [2.] Avenue. — Geht aus vom Fuße des Peck Slip nach South Str., Oliver, Bowery, Grand, Chrystie, Houston, 2. Av. bis 128. Str. Harlem; kehrt zurück in der 2. Av. bis 23. Str. nach 1. Av., Houston, Allen, Grand, Bowery, Chatham, Pearl bis Peck Slip. — [Von Peck Slip aus und von 63. Str. gehen die Wägen die ganze Nacht hindurch; von Harlem und von 63. Str. aber nur bis 12.30 Nachts. — Fahrgeld 5 Cents bis 63. Str. und 6 Cents bis Harlem.]

20. Siebente [7.] Avenue. — Geht aus von Broadway und Barclay Str. durch Barclay nach Church, Canal, Sullivan, Amity, MacDougal, Clinton Pl., Greenwich nach 7. Av. und 59 Str. zum Central Park; kehrt auf demselben Wege zurück bis Sullivan Str. dann durch W. Broadway nach College Place und Barclay Str. zum Broadway. — [Bis 10.30 Nachts vom Central-Park aus und 11.15 Nachts vom Broadway. Fahrgeld 5 Cents.]

21. Sechste [6.] Avenue. — Geht aus von Broadway und Besey Str. nach Church, Chambers, West Broadway, Canal, Barick, Carmine, 6. Av. und 59. Str. zum Central Park; kehrt zurück auf demselben Wege bis nach West Broadway, College Place durch Besey Str. und Broadway. — [Läuft die ganze Nacht hindurch. — Fahrgeld 5 Cents.]

22. Sechste [6.] Avenue, Broadway und Canal Str. — Geht aus von Broadway und Canal Str. nach Barick und auf demselben Wege wie die vorherige Bahn; kehrt auch auf demselben Wege zurück. — [Bis 10 15 Nachts vom 43. Str. Depot und 10.50 Nacht vom Broadway und Canal Str. aus. Fahrgeld 5 Cents.]

23 Dritte [3.] Avenue. — Geht vom Broadway gegenüber dem Astor-Haus aus und führt durch Park Row, Chatham, Bowery und 3. Av. bis 65. Str. und von da weiter nach Harlem; kehrt auch ganz auf demselben Wege wieder zurück. — [Die Wagen laufen die ganze Nacht hindurch. Fahrgeld 5 Cents bis zur East 65. Str. und 6 Cents bis zur 130 Str.]

24. Vierunddreißigste [34.] Str. und Desbrosses Str. — Geht aus vom Fuße der East 34. Str. nach 1. Ave., 23. Str., Av. A, 14. Str., Av. D, Columbia, Grand, Sullivan, Vestry, Desbrosses, Washington und West Str.; kehrt zurück auf demselben Wege zur Grand und Lewis, sowie zur 8. Str. und Av. D, bis zu ihrem Ausgangspunkt.

Halte-Plätze.

Ann Str., Ecke Broadway, No. 8 u. 10.
Astorhaus, Park Row, No. 14, 16 u. 30.
Barclay Str., Ecke Broadway, No. 5 u. 20.
Froome Str., Ecke Broadway, No. 4.
Canal Str., Ecke Broadway, No. 12 u. 22.
Desbrosses Str. Ferry, No. 9.
Fulton Str., Ecke Broadway, No. 17.

Grand Str. Ferry, No. 9 u. 15.
South Ferry, Whitehall Str., No. 6 u. 7.
Besey Str., Ecke Broadway, No. 11 u. 21.
West 42. Str, Ecke 10 Av., No. 13.
4. Av., Ecke 42 Str., No. 1.
10. Av., Ecke 14. Str., No. 2.

Droschken-Ordnung.

Das Droschkenwesen liegt in New-York nicht nur noch allzusehr in der Kindheit, sondern noch mehr — im Argen, und man hat sich daher bei Benutzung dieses Fortbewegungsmittels doppelt vorzusehen.

Die das Droschkenwesen ordnende Ordinance [Art. III., § 21.] enthält folgende Bestimmungen. Der Droschkenführer hat zu fordern:

1. Für Beförderung eines Passagiers auf eine Entfernung von nicht über **einer Meile** 50 Cents, für zwei Passagiere auf dieselbe Entfernung 75 Cents [oder 37½ Cents für Jeden] und für jeden weiteren Passagier 37½ Cents mehr.

2. **Eine Meile** und **nicht über zwei Meilen,** für einen Passagier 75 Cents und für jeden weiteren Passagier 37½ Cents.

3. Bis nach dem **neuen Armenhaus** und retour $1.00 von einem Passagier, und von jedem weiteren ebenso 50 Cents.

4. Bis zur **40. Str.,** eine halbe Stunde wartend und zurückkehrend, von einem Passagier $1 50 und von jedem weiteren Passagier ebenso 50 Cents.

5. Bis zur **61. Str.,** dort dreiviertel Stunden verweilend und zurückkehrend, von einem Passagier $2.00 und von jedem weiteren ebenso 50 Cents.

6. Bis zur **86. Str.,** 1 Stunde verweilend, und retour, von einem Passagier $2.50 und für jeden weiteren ebenso 75 Cents.

7. Eines oder mehrerer Passagiere nach **Harlem** und retour, mit dem Privilegium dort drei Stunden zu verweilen $5.00; ebenso zur Hochbrücke und zwar mit demselben Rechte.

8. Eines oder mehrerer Passagiere zur **Kings-Brücke** und retour, mit dem Rechte die Droschke den ganzen Tag zu benützen, $5.00.

9. Für den **stundenweisen Gebrauch** einer Droschke, von einem oder mehreren Passagieren mit dem Privilegium von einer Stelle zur andern zu fahren, und so oft als erforderlich anzuhalten, $1.00 per Stunde.

10. In allen Fällen, in welchen eine Droschke nicht auf Zeit, nämlich auf den Tag oder die Stunde genommen wird, soll das Fahrgeld wie oben per Meile berechnet werden.

11. Für **Kinder** zwischen 2 und 14 Jahren, darf blos die Hälfte des Satzes gefordert werden, und Kinder unter zwei Jahren sind frei.

12. Wenn eine Droschke rc. auf andere als die vorbenannten Fälle, zurückgehalten wird, so soll der Eigenthümer oder Treiber 75 Cents per Stunde fordern dürfen.

13. Bei einem **Begräbnisse** innerhalb des Lampen- oder Wacht-Distrikts $2.00, und nach Potters Field $3.00, worin der erforderliche Aufenthalt und das Rückbringen der Passagiere mit einbegriffen ist.

14. Jeder Eigenthümer oder Treiber soll gehalten sein, auf Ansuchen, den **Koffer** oder das **Handgepäcke** einer oder mehrerer Personen frei mit zu befördern, hat aber das Recht für jeden Koffer und anderes Gepäcke darüber, 6 Cents extra zu fordern.

§ 22. In allen Fällen von Streitigkeiten, sowohl in Bezug auf Entfernung als des Preises, steht die Entscheidung der Mayors-Office zu.

29

§ 23. Der Eigenthümer oder Treiber einer Droschke ꝛc. hat kein Recht von einem Passagier das Fahrgeld zu verlangen, wenn zur Zeit der Weiterbeförderung eines Passagiers, nicht die **Nummer** der Droschke und der **Tarifsatz** in dem Gefährte vorschriftsmätg aufgehängt ist.

§ 26. Der Eigenthümer oder Treiber einer Droschke ꝛc. verwirkt das Recht der Bezahlung, wenn er von Passagieren einen **höheren Fahrsatz** verlangt, als er nach obigen Vorschriften zu heischen ermächtigt ist.

Halteplätze für Droschken sind in der Nähe von **Eisenbahn-** und **Dampfschiff-fahrts-Depots** zur Zeit ihrer Ankunft, dann besonders am **Chatham Square**, am **Fuß der Whitehall Street, Astor und Stuyvesant Places**.

Vorschrift für Karrenführer.

Jeder **Karrenführer** muß von dem Mayor der Stadt eine Licenz erholen, ein **Bürger** der Ver. Staaten sein, Pferd und Karren wirklich besitzen, und die Nummer der Licenz deutlich an seinem Gefährt angeschrieben haben.

Die **Fahrtgebühren** sind folgendermaßen festgesetzt:

Für eine gewöhnliche Ladung, 38 Cents.

Für Waaren u. dgl., welche **Extra-Arbeit** zum Auf- und Abladen brauchen, 38 bis 50 Cents.

Für loosen Hausrath, die Ladung 45 Cents.

Für Auf- und Abladen von loosen Hausrath, die Ladung 45 Cents.

Für Auf- und Abladen und Wegnehmen und Wiederaufstellen von Hausrath in den Wohnungen, beim Umzuge von Familien, 50 Cents die Ladung extra.

All' dies gilt auf die Strecke von einer halben Meile, überschreitet sie aber eine halbe Meile bis eine Meile, ist ein Drittel der obigen Fahrgebühren, und auf weitere Entfernungen in diesem Verhältnisse nachzuzahlen.

Jede Ueberschreitung dieser Taxe zieht den gänzlichen Verlust eines Anspruches auf Bezahlung nach sich.

Wird den Karrenführern aber nicht bezahlt, was sie mit Recht zu verlangen haben, so dürfen sie die transportirten Waaren rückbehalten, um sie sofort nach der Polizei-Office in City Hall zu schaffen.

Ueber alle hierbei entstandenen Streitigkeiten aber entscheidet der Mayor.

Der Inspektor über das Karrenfuhrwerk hat seine Office in No. 1 des Erdgeschosses in City Hall.

Expreß-Compagnien.

(Spediteurs-Geschäfte.)

1. Allgemeine.

Adams Expreß Co., 59 und 526 Broadway, 332 27. str. und 157 5. Av.

Am. Merchants Union, 636 Broadway, 296 Canal Str., W. 30. Str., Ecke von 10. Av., 4 Av., Ecke von E. 26. Str., und East 45. Str., Ecke von 4. Av.

Davenport, Mason & Co., 65 B'way.

Erie R. R. Co., Lagare-Expreß, Fuß von Chambers Str. und 241, 529 und 957 Broadway.

National Expreß Co., 65 Broadway.

U. S. Expreß Co., 735 und 1302 Broadway, 7 Park Place und 595 6. Av.

2. Besondere für nahe gelegene Plätze

Astoria, 117 John, 114 Reade.

Bergen Point, N. J., 66 und 67 Cortlandt.

Bloomfield, N. J., 66 Cortlandt.

Bloomingdale, 14 Reade.

Brooklyn, 114 Reade, 117 John, 133 Broad, 93 William, 83 Franklin, 96 Worth, 66 und 67 Cortlandt.

Coney Island, 117 John.

East New-York, 114 Reade und 117 John.

Elizabeth, N. J., 66 und 67 Cortlandt.

Englewood, N. J., 66 Cortlandt.

Flatbush, 117 John.

Flushing, 11 James Slip und 117 John.

Fort Hamilton, 117 John.

Greenpoint, 117 John und 63 Franklin.

Harlem, 2237 3. Av., 114 Reade 193 William, 83 Franklin, 63 und 74 Cortlandt.

Hempstead, 117 John.

Hoboken, 81 Barclay, 83 Franklin, 114 Reade, 117 John, 63 und 67 Cortlandt.

Hudson City, N. J., 88 Franklin, 67 Cortlandt, 117 John und 114 Reade.

Hunts Point, 3 Hudson.

Irvington, N. J., 67 Cortlandt.

Jamaica, 21 Fulton und 117 John.

Jersey City, 93 William, 3 Hudson, 114 Reade, 117 John. 66 und 67 Cortlandt.

Long Island, Pier 31 E. R., und 117 John.

Manhattanville, 83 Franklin, 170 West Str. und West 100. Str. ra e 8. Av.

Morrisania, 114 Reade. 88 Franklin, 93 William und 63 Cortlandt.

New-Brunswick, N. J., 67 Cortlandt.

Newark, N. J., 66 und 67 Cortlandt, 3 Hudson, 8 Park Place, 77 John, 83 Franklin und 114 Reade.

Newburgh, 114 Reade.

Orange, N. J., 83 Franklin, 8 Park Pl., 66 Cortlandt.

Paterson, N. J., 187 West Str., 168 und 114 Reade, 83 Franklin, 117 John, 66 und 67 Cortlandt und 187 Chambers.

Rahway, N. J., 66 Cortlandt.

Sing Sing, 114 Reade.

Staten Island, am Fuße von Whitehall, am Pier 19 N. R., 65, 67 und 63 Cortland und 117 John.

Washington Heights 67 Cortlandt und 117 John.

Williamsburgh, 83 Franklin, 3 Hudson, 93 William, 66 Cortlandt, 117 John und 114 Reade.

Yonkers, 83 Franklin, 117 John und am Fuß von Harrison.

Yorkville, 93 William.

Omnibus-Routen

[STAGES.]

für den Stadtverkehr New-York's.

[Fahrgeld 10 Cents.]

Broadway und 5. Avenue kommt von der Fulton Ferry und läuft durch Fulton Str., Broadway, 11. Str., University Place, 13. Str., 5. Av. bis zur 42. Str., und kehrt auf derselben Route wieder zurück.

Broadway, 23. Str. und 9. Avenue kommt von South Ferry [am Fuße von Whitehall Str. nahe dem Castle-Garden] und läuft durch den Broadway, die 23. St.., 9. Av. bis zur 30. Str. und kehrt auf derselben Route wieder zurück.

Broadway und 4. Avenue kommt von South Ferry [f. o.] und läuft durch den Broadway, die 4. Av. bis zur 32. Str., und kehrt auf derselben Route wieder zurück.

Broadway und 8. Str. kommt von South Ferry [f. o.] und läuft durch den Broadway, 8. Str., Av. A, 10. Str. bis zur Greenpoint Ferry und kehrt auf demselben Wege wieder zurück.

Broadway und 2. Str. kommt von Cortlandt Str. Ferry und läuft durch Cortlandt Str., Broadway, Bleecker Str., Bowery, 2. Str. bis zur Houston Str. Ferry und kehrt wieder zurück auf derselben Route.

Madison Avenue kommt von Wall Str. Ferry und läuft durch Wall Str., Broadway, 23. Str., Madison Av. bis zur 40. Str., und kehrt auf derselben Linie wieder zurück.

Dampf-Fähren.

[FERRIES.]

Astoria. — Von 92. Str. E. R. nach Astoria, von 6 Uhr Morgens bis 10 Uhr Nachts alle 10 Minuten. — [4 Cents.]

Bedloe's Island vom Pier 43 im N. R.

Blackwell's Island von der 26. Str. oder 61 Str., E. R. mittelst Ruderbooten.

Brooklyn. — Von Catherine Str. E. R. nach Main Str., von 5 Uhr Vormittags bis 9 Uhr Abends alle 10 Minuten und von 9 bis 12 Uhr Nachts alle 20 Minuten. — 744 Yards weit.

D o. — Von Fulton Str. E. R. nach Fulton Str., von 3 Uhr Morgens bis 12 Uhr Nachts alle zehn Minuten und von 12 bis 3 Uhr Nachts alle 15 Minuten. — 730 Yards weit.

D o. — Von New Chambers Str., E. R. nach Bridge Str., von 5 Uhr Morgens bis 10 Uhr Abends alle 15 Minuten.

D o. — Von Wall Str., E. R., nach Montague Str.. von 5 Uhr Morgens bis 8 Uhr Abend alle 10 Minuten, von 8 bis 12 Uhr Nachts alle 20 Minuten. — 1150 Yards weit.

D o. — Von Whitehall Str. oder South Ferry nach Atlantic Str., von 5 Uhr Morgens bis 11 Uhr Nachts alle 12 Minuten, und von 11 bis 5 Uhr Nachts alle halbe Stunden. — 1478 Yards weit.

Brooklyn, Oestlicher Distrikt, siehe unter Williamsburgh.

Bull's Ferry und Fort Lee. — Vom Pier 51 N. R.

Communipaw. — Von Liberth Str., alle 10 Minuten.

Davids Island. — Vom Pier 1 im E. R.

Fort Schuyler. — Vom Pier 1 im E. R., jedoch blos am Mittwoch um 9 Uhr Vormittags.

Governor's Island. — Vom Pier 43 im N. R., täglich mit Ausnahme der Mittwoche und Sonntage, um 9 Uhr Vormittags und 1 Uhr und um 4 Uhr Nachmittags; an Mittwochen blos um 8 Uhr Vormittags, und an Sonntagen um 10 Uhr Vormittags, um 1 Uhr und 5 Uhr Nachmittags. Legt am Pier 1 im E. R. an, etwa 10 Minuten nachdem sie Pier 43 verlassen hat und kehrt in etwa einer Stunde wieder nach New-York zurück.

Greenpoint. — Von 10 Str., E. R., nach Greenpoint, von 6 Uhr Morgens bis 9 Uhr Abends alle 15 Minuten. — 1636 Yards breit.

Do. — Von 23. Str., E. R., nach Greenpoint. — Von 6 Uhr Morgens bis 9 Uhr Abends alle 15 Minuten.

Hamilton Avenue. — Von Whitehall Str., E. R., nach dem Atlantic Dock, von 7 Uhr Morgens bis 6½ Abends alle 10 Minuten, dann von 6½ bis 9 Uhr Abends alle 15 Minuten, und von 9 Uhr Abends bis 7 Uhr Morgens alle halbe Stunden. — 1773 Yards weit.

Harlem. — Von Peck Slip aus bis zur Harlem-Brücke. — 8 Meilen weit.

Hart's Island. — Von 26. Str. im E. R. aus, um 10.30 Vormittags mittelst Dampfboot.

Hoboken. — Von Barclay Str., N. R., nach Hoboken, von 6 Uhr Morgens bis 8 Uhr Abends alle 10 Minuten, von 8 Uhr Abends bis 12¼ Nachts alle 15 Minuten, von 12¼ bis 4¼ Nachts alle 30 Minuten, und von da bis 6 Uhr Morgens alle 15 Minuten. — 2043 Yards weit.

Do. — Von Christopher Str., von 5 Uhr Morgens bis 8 Uhr Abends alle 15 Minuten, und 8 bis 12 Uhr Nachts alle 20 Minuten. — 1839 Yards weit.

Hunterspoint. — Von 34. Str., E. R., nach Ferry Str., von 4½ Uhr Morgens bis 12 Uhr Nachts alle 15 Minuten.

Do. — Von James Str. E. R., nach Ferry Str., alle halbe Stunden.

Jersey City. — Von Desbrosses Str., N. R., nach Jersey City, von 5 Uhr Morgens bis 1 Uhr Nachts alle 15 Minuten.

Do. — Von Cortlandt Str., E. R., nach Montgomery Str., Jersey City, von 7 Uhr Morgens bis 10 Uhr Nachts alle 10 Minuten, von 10 bis 12 Uhr Nachts alle 15 Minuten von 12 bis 4 Uhr Nachts alle 30 Minuten, und von 4 bis 7 Uhr Morgens alle 15 Minuten. — 1802 Yards weit.

Do. — Von Liberty Str., N. R., zu dem Dock der New-Jersey Central-Eisenbahn.

Do. — Von West 23. Str., N. R., nach dem Long Dock.

Motts-Haven. — Vom Pier 22 E. R.

Pavonia. — Von Chambers Str., N. R., nach dem Dock der Erie Eisenbahn, von 4 Uhr Morgens bis 8 Uhr Abends alle 15 Minuten und von 8 Uhr Abends bis 4 Uhr Morgens alle halbe Stunden.

Randall's Island. — Von 20. Str. im E. R. aus um 10.30 mit dem Dampfboot; von 120. Str., E. R., mittelst Ruderbooten zu jeder Stunde im Tage.

South Ferry. — Siehe Hamilton Av. und Staten Island Ferries an Whitehall Str.

33

☞ Bezüglich Schiffsscheinen

durch

TAMSEN & DETHLEFS,

No. 52 Avenue A, New-York.

Zu den Reisen nach oder von Europa mittelst dem „Nordbeutschen Lloyd" über

Southampton und Bremen,

der „Hamburg-New-Yorker Dampfschiff-Gesellschaft" über

Havre und Hamburg,

sowie dem „Baltischen Lloyd" nach

Stettin

☞ siehe die Anzeige auf der letzten Seite des Umschlages.

Staten Island. — Von Whitehall Str. nach Tompkinsville [1. Land'g], Stapleton [2. Land'g] und noch der Vanderbilt's oder 3. Landung, von 6 Uhr Morgens bis 9 Uhr Abends jede Stunde, dann um 11.45 Nachts. — 5½ Meile weit.

D o. — Vom Pier 19, N. R., nach New Brighton, S. S. Harbor, Castleton Port Richmond und dem Elm Park jede Stunde, ausgenommen 1 Uhr Nachts.

Ward's Island. — Vom Pier 19 im N. R. zum nördlichen Ufer.

Weehawken. — Von West 42. Str., N. R., nach Weehawken, von 6 Uhr Morgens bis 7 Uhr Abends alle 40 Minuten.

Willet's Point. — vom Pier 1 im E. R.

Williamsburgh, [oder Brooklyn, E. D.] — Von Grand Str., E. R., nach Grand Str., Williamsburgh, von 5 Uhr Morgens bis 10 Uhr Nachts alle 12 Minuten. und von 10 bis 5 Uhr Nachts alle 25 Minuten. — 764 Yards weit.

D o. — Von Grand Str, E. R. nach Broadway. — von 5 Uhr Morgens bis 10 Abends alle zehn Minuten, und von 10 bis 12 Uhr Nachts alle 20 Minuten. — 731 Yards weit.

D o. — Von Houston Str., E. R., nach Grand Str., von 6 Uhr Morgens bis 10 Uhr Abends alle 10 Minuten, von 10 bis 12 Uhr Nacht alle 20 Minuten, und von 12 Uhr Nachts bis 6 Uhr Morgens alle 30 Minuten. — 1026 Yards weit.

D o. — Von Roosevelt Str., E. R., nach Broadway, von 5 Uhr Morgens bis 8 Uhr Abends alle 10 Minuten, von 8 Uhr Abends bis 12 Uhr Nachts alle 20 Minuten, von 12 bis 3 Uhr Nachts alle 30 Minuten, und von 3 bis 5 Uhr Morgens alle 20 Minuten.

Reguläre Dampf-Schifffahrts-Linien.

1. Nach ausländischen Häfen.

Antwerpen. — Monatlich; Office 15 Broadway.

Aspinwall. — Am 5. und 21 jeden Monats; vom Pier 42 N. R.; Office ebendaselbst.

Bermuden. — Jeden 3. Donnerstag; Office 34 Broadway.

Bremen, [Norddeutscher Lloyd]. — Wöchentlich jeden Sonnabend vom Fuße der 3. Str., Hoboken; Office 2 Bowling Green.

Brest. — Office 58 Broadway.

Glasgow und **Londonderry,** [Anchor-Linie]. — Jeden Sonnabend vom Pier 20 N. R.; Office 7 Bowling Green.

Halifax. — Siehe Liverpool, „Inman Linie."

Hamburg, [Hamburg-Amerikanische Packet Co.] — Wöchentlich jeden Donner vom Fuße der 3. Str., Hoboken; Office 61 Broad, Ecke Beaver Str.

Havana, [Atlantic Mail Steamship Co.] — Jeden Donnerstag vom Pier 4 N. R.; Office 5 Bowling Green.

D o., [Atlantic Coast Mail Steamship Co.] — Gelegentlich und in New-Orleans anlegend; Office 88 Liberty Str.

D o. — Halbmonatlich, über Baltimore; Office 40 Broadway.

Havana, [Sisal und Vera Cruz]. — Alle 20 Tage vom Pier 17 E. R.; Office 33 Broadway.

Hayti. — Monatlich; Office 132 Front Str.

Havre. — Monatlich; Office 132 Front Str.

Japan. — Vom Pier 42 N. R.

Kingston. — Ebenfalls vom Pier 42 N. R.

Liverpool, [über Queenstown, Inman Linie]. — Jeden Sonnabend und Donnerstag, abwechselnd über Halifax, sowie jeden andern Dienstag vom Pier 45 N. R. aus; Office 15 Broadway.

D o., [über Queenstown, Liverpool und Great Western Steamship Co.] — Office 71 Wall Str.

D o., [über Queenstown, National Linie]. — Jeden Sonnabend vom Pier 47 N. R.; Office 57 Broadway.

D o., [über Queenstown, B. und N. A. R. M. S. S. Co., Cunard Linie]. — Wöchentlich von Jersey City aus; Office 4 Bowling Green.

D o., [auf dem Wege nach den Mittelländischen Häfen]. — von Pier 20 N. R.; Office 7 Bowling Green.

London, [London und New-York Steamship Linie]. — Halbmonatlich vom Pier 3 N. R.; Office 54 South Str.

Mittelländische Häfen, [einschließend Genua, Leghorn, Neapel, Messina und Palermo, über Liverpool]. — Vom Pier 20 N. R.; Office 7 Bowling Green.

Nassau, N. P., [Atlantic Mail Steamship Co.] — Jeden 4. Donnerstag vom Pier 4 N. R.; Office 5 Bowling Green.

Panama. — Vom Pier 42 N. R.

Progresso. — Vom Pier 17 E. R.; Office 33 Broadway.

Rio Janeiro. — Vom Pier 43 N. R.; Office 5 Bowling Green.

St. Domingo, Puerto Plata und Samana. — Gelegentlich; Office 29 Broadway.

St. Thomas und Brasilien, [U. S. und Brasilien Mail Steamship Co.] — Den 23. eines jeden Monats vom Pier 43 N. R.; Office 5 Bowling Green.

St. Prince. — Von Brooklyn aus; Office 6 South William Str.

Stettin. — Vom Pier 13 N. R.; Office 40 Broadway.

White Star Linie, [New-York, Cork und Liverpool]. — Jeden Sonnabend von New-York und jeden Dienstag von Liverpool; Office 19 Broadway.

2. Nach inländischen Häfen.

Alexandria, Washington und Georgetown, D. C., [Merchants Linie]. — Jeden Mittwoch und Sonnabend vom Pier 39 E. R.; Office 155 South Str.

Baltimore, Md., [Transport. Linie]. — Vom Pier 7 E. R.; Office daselbst.

Boston, Mass., [Metropolitan Steamship Co.'s und Ausseits Linie Neptune Steamers]. — Vom Pier 11 N. R.

California, [Pacific Mail Steamship Co.] — Den 5. und 21. eines jeden Monats vom Pier 42 N. R.

Charleston, S. C., [Leary's Linie]. — Jeden Donnerstag um 3 Uhr Nachmittags vom Pier 5 N. R.; Office 26 Broadway.

Deutsche
Lot- und Bau-Gesellschaft.

---

310 der schönsten Lots

in Long Island City (Astoria) in der besten Lage gelegen, zwei Blocks von Schneider's Schützenpark. Front an Jackson Avenue, 31. Str., Newtown Road und Broadway, welch' letzterer mitten durch führt nach Jackson Avenue.

Werden verkauft zu $400.00 das Lot

abzahlbar mit $3.00 per Woche oder $12.00 monatlich für jedes Lot. Die Hälfte der Lots sind sehr werthvolle Front= und Corner=Lots, und ist dies das schönste und werthvollste Eigenthum in der ganzen Umgebung.

Keine Straßengelder sind zu bezahlen,

indem mehrere bereits gemacht sind, und alle von der Gesellschaft fertig hergestellt werden. — Perfect gute Deeds mit Abstract of Titles werden sofort an Auszahlende übergeben.

Die Lots werden durch Verloosung nächsten Februar an die Mitglieder übergeben und geschieht die Ziehung von den Mitgliedern selber, worauf sofort gebaut werden kann und Gelder zur Erbauung von Häusern durch die Baugesellschaft für jeden ermöglicht und verschafft wird.

Zögere Niemand es sich anzusehen, und ein Jeder wird die Ueberzeugung erhalten, daß diese Lots mehr werth sind, als dafür ausgezahlt wird. Versäume Niemand sich sofort zu betheiligen, denn diese wenigen aber sehr werthvolle Lots werden schnell vergriffen sein.

Die Verbindung mit New=York durch 31. Str. und 92. Str. Ferries, an welche die New=York Cars direkt gehen, sowie Harlem Boote von Peck Slip und 11. Str. gestatten jedem Arbeiter und Geschäftsmann zur richtigen Zeit in New=York am Platze zu sein.

Mitglieder werden täglich aufgenommen von 7 Uhr Morgens bis Abends 8 Uhr und Sonntags bis 12 Uhr Mittags bei

Tamsen & Dethlefs, deutsche Buchhandlung, 52 Ave. A,

sowie in

Karl's Germania Halle, 42 Ave. A,

von 7 bis 10 Uhr Abends täglich und Sonntags von 12 bis 4 Nachmittags.

Mathias Lutz, Präsident.
Tamsen & Dethlefs, Schatzmeister.
G. H. Krahe, Secretär.
Sylvester Rieger, Corr. Sekr.

Wir machen unsere deutschen Mitbürger auf dieses ausgezeichnet schöne und werthvolle, in Lots ausgelegte Stück Land aufmerksam, und hegen die feste Ueberzeugung, daß Jeder, welcher sich persönlich von der schönen Lage derselben überzeugt und sich über den Marktpreis solcher Lots orientirt hat, zugeben muß, daß diese Bezeichneten von fünfhundert bis ein Tausend Dollars gegenwärtig werth sind.

Kein Eigenthum in der ganzen Umgebung New-York's wird so rasch im Preise steigen, sieht einer so glänzenden Zukunft entgegen wie Long Island City (Astoria) Property.

Als Gründe für diese gewisse Aussicht lassen sich folgende feststehende anführen:

Die Sprengung des „Hell-Gate,"

welche laut offiziellen Berichten in ein bis anderthalb Jahren auf Kosten der Ver. Staaten erfolgen wird.

Die hieraus resultirende Verlegung des Hafens von

Castle-Garden nach Long Island City,

wodurch die Dauer der Reise bei Schiffen um einen Tag gekürzt wird, ferner denselben der Lootse sich als überflüssig erweist.

Außerdem wird die

Blackwell's Island Brücke,

welche Long Island City mit New-York verbinden soll, deren Charter bereits die Legislatur passirt hat, in kürzester Zeit in Angriff genommen.

Die Brücke führt von 77. Str. und 3. Ave. New York zur 2. Ave. Long Island City. Den Grundeigenthümern, welche zu diesem Zwecke ihr Eigenthum hergeben müssen, sind bereits Notizen zugeschickt worden, sich darauf einzurichten, und werden schon Versuche gemacht, mit den Bewohnern von der 77. Str. und 3. Ave. bis zum East River dem entsprechende Arrangements zu treffen.

Schließlich ist es eine Thatsache, daß eine der größten Factories unserer Stadt,

Die Piano-Factory der Herren Steinway's Söhne

in nächster Nähe von diesen Lots, bereits seit sechs Monaten im eifrigsten Bau begriffen ist und so eingerichtet wird, daß anstatt ein Tausend Arbeiter, welche die Herren Steinway jetzt beschäftigen, die doppelte Anzahl angestellt werden kann.

Die Verbindungen mit New-York jetzt durch 34. Str und 92. Str. Ferries, an welche die New-York Cars direkt herangehen sowie durch die Harlem Boote von Peck Slip und 11. Str, East-River, erlauben jedem Arbeiter und Geschäftsmann zur richtigen Zeit in New-York sein zu können.

Die Communicationen werden sich fortwährend mehren und wird durch die thätige Betheiligung der Herren Steinway bis zum Frühjahr eine doppelte Car Track von deren Property durch 10. Ave. und Jackson Ave., 34. Str. bis zur Hunterspoint Ferry 34. Str. laufen. Kein anderes Eigenthum kann sich einer solchen sicheren zukünftigen Rentabilität rühmen, weshalb jeder dort angelegte Cent bedeutenden Gewinn bringen muß. Erkundige und überzeuge sich ein Jeder und er wird Obiges in allem der Wahrheit gemäß bestätigt finden.

Eine genaue Map der Lots befindet sich in unserm Geschäftslokale und steht Jedem mit Vergnügen zur Einsicht zur Disposition.

TAMSEN & DETHLEFS,
Deutsche Buchhandlung,
No. 52 Avenue A. New-York.

39

City Point und **Richmond, Va.**, [Old Dominion Steamship Co.] — Dienstags, Donnerstags und Samstags um 3 Uhr Nachmittags vom Pier 37 N. R.; Office 187 Greenwich Str.

Fernandina und **Florida Ports**, [Florida R. R. Co.] — An jedem Sonnabend vom Pier 29 N. R.; Office 177 West Str.

Galveston, [Texas Linie]. — Alle 10 Tage vom Pier 20 E. R.; Office 153 Malden Lane.

Key West. — Die nach Galveston bestimmten Steamer pflegen hier anzuhalten.

Mobile, [mit Florida R. R. Co.] — Wöchentlich vom Pier 29 N. R.; Office 177 West Str.

Newbern, N. C., [Murray's Linie]. — Etwa alle 10 Tage um 3 Uhr Nachmittags vom Pier 16 E. R.; Office 62 South Str.

New Bedford, [Pionier Linie]. — An Mittwochen und Sonnabenden vom Pier 13 E. R. um 3 Uhr Nachmittags; Office 46 South St.

New-Orleans, [Cromwell Linie]. — Jeden Sonnabend um 3 Uhr Nachmittags vom Pier 9 N. R.; Office 86 West Str.

D o., [Merchants Steamship Linie]. — Jeden Sonnabend um 3 Uhr Nachmittags vom Pier 12 N. R.; Office 40 Broadway.

D o., [Southern Linie]. — Jeden 2. Sonnabend vom Pier 20 N. R.; Office 187 Greenwich Str.

Philadelphia, [Lorillard's Steamship Linie]. — Jeden Dienstag, Donnerstag und Sonnabend von den Piers 33 u. 34 E. R. um 3 Uhr Nachm.; Office daselbst.

D o., [Canal Linie]. — Täglich von den Piers 10, 12 und 15.

Portland, Me., [Marine Steamship Linie]; jeden Montag und Donnerstag um 3 Uhr Nachmittags vom Pier 38 E. R.; Office am Pier.

Richmond, Va. — Offices 16 West Str. und 187 Greenwich Str.

Salem, Mass. — Von Pier 16 E. R.; Office 2 South Str.

San Francisco, Cal. — Von Pier 42 N. R.

Savannah, Ga., [Atlantic Coast Mail Steamship Co.] — Jeden Donnerstag um 3 Uhr Nachmittags vom Pier 36; Office 88 Liberty Str.

D o., [Black Star Linie]. — Jeden Sonnabend um 3 Uhr Nachmittags vom Pier 13 N. R.; Office 93 West Str.

D o., [Murray's Linie]. — Office 92 South Str.

Washington, D. C. — Vom Pier 39 E. R.; Office 155 South Str.

Wilmington, Del. — Von den Piers 8 N. R. und 34 E. R., woselbst auch die Officen sind.

Eisenbahn-Officen und Depots (Stationen).

Adirondack Eisenbahn, 29 Nassau Str.
Annamessic, 81 Cortlandt.
Atlantic und Great Western, 40 und 233 Broadway.

Atlantic und Pacific, 19 Broad.
Baltimore und Ohio, Billeten 183 Broadway, Depot am Fuße von Cortlandt.

Boston, Hartford und Erie, 26 Exchange Pl.

Buffalo und Erie, do.

Buffalo und Lake Huron, 175 B'way.

Burlington und Missouri River, 273 Broadway.

Camden und Amboy, Billets 111 Liberty, mittelst Steamer vom Pier 1 N. R.

Cedar Falls und Minnesota, 12 Pine.

Central von New-Jersey, Billets 103 Liberty, Depot am Fuße von Liberty.

Central und Hudson River von New-York, 4. Av. und 42. Str., und 30. Str. und 10. Av.

Central Branch der Union Pacific, 9 Pine.

Central Pacific, 54 William.

Chicago und Alton, 12 Pine.

Chicago und Milwaukee, 26 Exchange Pl.

Chicago und Nordwestern, 52 Wall.

Chicago, Rock Island und Pacific Co., 13 William.

Cincinnati und Martinsville, 26 Exchange Pl.

Cleveland und Pittsburgh, do.

Cleveland und Toledo, do.

Cleveland, Painesville und Ashtabula, do.

Columbus, Chicago und Indiana Central, 57 Broadway.

Coney Island und Brooklyn, 26 Exchange Pl.

Cumberland und Pennsylvanien, 71 Broadway.

Delaware und Raritan, Canal u. Camden-Amboy Transport. Co., 111 Liberty.

Delaware, Lackawanna und Western Co., 26 Exchange Pl.

Detroit und Milwaukee, 273 Broadway.

Dubuque Southwestern, 12 Pine.

Dubuque und Sioux City, do.

Erie Eisenbahn, Billeten 240 Broadway. Depot am Fuße der Chamber Str. und Pavonia Av. und am Fuße der West 23. Str.

Fall River und Boston, Pier 28.

Florida Eisenbahn Co., 174 Chambers.

Flushing und Northside, von Hunters Point.

Fulton Ferry und Canarsie Bay, Eisenbahn Co., 76 Wall.

Grand-Trunk, 175 Broadway.

Great Western, 275 Broadway.

Hackensack Branch, Fuß von Chambers.

Hanibal und St. Joseph, do.

Harlem, 42. Str. und 4. Av.

Hudson River, 4. Av. und 42. Str., sowie 30. Str. und 10. Av.

Illinois Central, 31 Nassau, Billeten und Expreßfracht-Büreau, 8 Astor-Haus.

Indianapolis und Vincennes, 26 Exchange Pl.

Joliet und Chicago, 12 Pine.

Lake Shore und Michigan Southern, 247 Broadway.

Long Island, am Fuße von James Slip und am Fuße der 34. Str.

Louisville, New Albany und Chicago, 26 Exchange Pl. und 8 Astorhaus.

Lykens Valley 13 William.

Marietta und Cincinnati, 26 Exchange Pl.

Michigan Central, 26 Exchange Pl. und 8 Astor-Haus.

Michigan, Southern und Northern Indiana, 18 William.

Milwaukee und Prairie du Chien, 25 William.

Milwaukee und St. Paul, do. und 273 Broadway.

Morris und Essex, Fuß von Barclay und Fuß von Christopher.

Newark-New-York, am Fuße von Liberty Str., N. R.

Newhaven-New-York, 4. Av. und 42. Str.

New-Jersey, am Fuße von Desbrosses.

New Jersey Eisenbahn und Transport Co., 111 Liberty und am Fuße von Cortlandt.

New-Jersey Northern, Chambers und West 23. Str.

Do. Southern, do., mittelst Steamers vom Pier 28 N. R.

New-York Central, 11 Nassau, 239 Broadway und 2 Astor-Haus.

New-York und Flushing, am Fuße von James Slip.

Southside von Long Island, Roosevelt und Grand Str. Ferries.

Staten Island, am Fuß von Whitehall

Credit- und Leih-Anstalten.

[TRUST COMPANIES.]

Farmer's Loan und Trust Co., 26 Exchange Pl.

National, 261 und 263 Broadway.

N. Y. State Loan und Trust Co., 92 Broadway.

Real Estate (Grundeigenthum) Trust Co., 317 Broadway.

Union, 73 Broadway.

United States (Ver. Staaten) 49 Wall Str.

Banken in New-York.

Geschäfts-Ordnung,

Die Banken sind, mit Ausnahme der Sonntage und der Feiertage (am Weihnachts- und Neujahrstag, am 22. Februar, den 4. Juli, und sonstigen gesetzlich angeordneten), täglich offen von 10 Uhr Vormittags bis 3 Uhr Nachmittags.

Die Interessen für den Discount sind in dieser Stadt auf 7 Prozent per Jahr festgesetzt, (die der Sparbanken sind jedoch nur auf 6 Prozent beschränkt), und zwar für Noten oder Bills, die unter 60 Tagen lauten. Auch sind d r e i Respekttage erlaubt, wofür der Discount genommen wird.

Jede Bill oder Note, welche zum Discontiren offerirt wird, muß einen Tag vor Beginn des Discounts in einem versiegelten Couvert und an den Cassirer adressirt, im Geschäftslokale der Bank abgegeben werden.

Geld-Depositums und Noten zum Collektiren müssen zur selben Zeit, wenn das Depositum gemacht wird, in das Buch des Betreffenden eingetragen werden.

1. National-Banken.

American, 542 Broadway.
Am. Exchange, 123 Broadway.
Atlantic, 17 Nassau.
Bank of Commerce, Nassau, Ecke Cedar.
Bank of New-York, 48 Wall.
Bank of the Commonwealth, 15 Nassau.
Bank of Republik, Wall, Ecke Broadway
Bank of the State of New-York, 33 William.
Bowery, 62 Bowery.
Broadway, 237 Broadway.
Butchers und Drovers, 124 Bowery.
Central, 320 Broadway.
Chatham, 196 Broadway.
Chemical, 270 Broadway.
Citizens, 381 Broadway.
City, 52 Wall.
Continental, 7 Nassau.
East River, 682 Broadway.
Fifth, 366, 3. Av.
First, 140 Broadway.
Fourth, Nassau, Ecke Pine.
Fulton, Fulton, Ecke Pearl.
Gallatin, 36 Wall.
Grocers, 59 Barclay.
Hanover, 33 Nassau.
Importers und Traders, 247 Broadway.

Irving, Greenwich, Ecke Warren.
Leather Manufacturers, 2 Wall.
Marine, 78 und 80 Wall.
Market, 105 Beekman.
Mechanics, 33 Wall.
Mechan. Banking Association, 38 Wall.
Mechanics und Traders, 153 Broadway.
Mercantile, 191 Broadway.
Merchants, 42 Wall.
Merchants Exchange, 257 Broadway.
Metropolitan, 108 Broadway.
National Currency, 92 Broadway.
N. Y. County, 81 8. Av.
N. Y. National Exchange, Chambers, Ecke College Pl.
Ninth, 407 und 409 Broadway.
Park, 214 und 216 Broadway.
Phœnix, 45 Wall.
St. Nicholas, 7 Wall.
Second, 5. Av., Ecke W. 23. Str.
Seventh Ward, 234 Pearl.
Shoe und Leather, 271 Broadway.
Sixth, West 35. Str., Ecke Broadway.
Tenth, 348 Broadway.
Third, 29 Pine.
Tradesmen, 291 Broadway.
Union, 34 Wall.

2. Staats-Banken.

Bank of America, 46 Wall.
Bank of Nord-America, 44 Wall.
Bank of the Metropolis, 31 Union Sq.
Bull's Head, 340, 3. Av.
Corn Exchange, 13 William.
Dry Goods, 347 Broadway.
Eleventh Ward, 147 Av. D, Ecke Ost 10. Str.

German American, 120 Broadway.
Germania, 185 Bowery.
Greenwich, 402 Hudson.
Grocers, 59 Barclay.
Harlem, 2279 3. Av.
Loaners, 22 Nassau.
Manhattan, 40 Wall.
Manufacturers u. Builders, 914, 3. Av.

43

Teutonia Spar-Bank,
No. 25 AVENUE A,
Ecke Zweite Straße,   New-York.

Sechs Prozent Zinsen
vom ersten eines jeden Monats auf alle Summen von
$5 bis $5000.

Offen täglich von 10 Uhr Morgens b s 3 Nachmittags, und Montag,
Mittwoch und Samstag Abend von 6 bis 8 Uhr.

Direktoren:

John Scheuermann, Präsident.
Friedrich Sigrist und Jakob Vermann, Vice-Präsidenten.
Louis George, Schatzmeister.

Trustees:

44

Manufacturers' und Merchants', 561 Broadway.
Murray Hill, 558, 3. Av.
Mutual, 750 Broadway.
Nassau, Nassau, Ecke Beekman.
N. P. Gold-Exchange, 58 Broadway.
Ninth Ward, 23 Abington Sq.

North River, 187 Greenwich.
Oriental, 122 Bowery.
Pacific, 470 Broadway.
Peoples, 395 Canal.
Security, 319 Broadway.
West-Side, 8. Av., Ecke West 34. Str.

Spar-Banken.

[SAVINGS BANKS.]

Abington Square, 23 Abington Sq.
Atlantic, 185 Chatham.
Bank for Savings, 67 Bleeker.
Bowery, 130 Bowery.
Broadway, 4 Park Pl.
Central Park, 724, 3. Av.
Citizens, 58 Bowery.
Clinton, 244, 8 Av.
Dry Dock, 341 East 4. Str.
East River, 3 Chambers.
East Side for Sailors (Matrosen), 187 Cherry.
Eleventh Ward, 106 Av. C.
Emigrant Industrial, 51 Chambers.
Equitable, 179, 6. Av
Excelsior, 368, 6. Av.
Franklin, 658, 8. Av.
Freedman's, 185 Bleeker.
German East 14. Str., Ecke 4. Av.
German (für die obere Stadt), 408, 3. Av
Greenw...), 73, 6. Av.
Har... 3. Av., Ecke 124. Str.

Institution für Kaufmanns-Commis, 20 Union Pl.
Irving, 96 Warren.
Manhattan, 644 Broadway.
Market, 82 Nassau.
Mechanics und Traders, 283 Bowery.
Metropolitan, No. 1, 3. Av.
Mutual Benefit, 166 Nassau.
New Amsterdam, 403 Grand.
New-York, 14. Str. und 8. Av.
North River, 478, 8. Av.
Oriental, 430 Grand.
Peoples, 1146 Broadway.
Seaman's, 74 Wall.
Six Penny, Clinton Hall.
Security, 3. Av. und 34. Str.
Teutonia, 25 Av. A.
Third Avenue, 354. 3. Av.
Trades, 275 West 23. Str,
Union Dime, 396 Canal.
Up Town, 811, 3. Av.
Yorkville, 3. Av. Ecke East 86. Str.
West Seite, 154, 6. Av.

Münzen, ausländische,

und deren Werth in amerikanischem Golde.

1. Gold.

Deutsche Goldkrone	$6 33	Preußischer Doppel-Friedrichsd'or	$7 85
Deutsche Reichsmünze	4 60	Zehn-Guldenstücke	3 90
Doppel-Louisd'or	7 75	Zwanzig Frankstücke	3 80
Englischer Sovereign	4 80	Zwanzig Markstücke (Reichsmünze)	4 60

2. Silber.

Englischer Schilling	$0 20	Kronenthaler	$1 00
Frank	0 17	Speciesthaler	1 00
Fünf Frankenstücke	0 90	Reichsdaler	52
Gulden, rheinisch	0 38	Preußische Thaler (Silber)	0 69
„ österreichisch	46	„ (Papier)	0 70

45

Nach amtlichen Erhebungen der Einwanderungs-Commission im Castle-Garden in New-York, sowie deren Anerkennung durch den deutschen General-Consul dahier, ist erwiesen, wie schmählich Auswanderer betrogen werden, wenn sie in Deutschland ihr heimisches Geld in amerikanisches, besonders in Papiergeld, Coupons oder dergleichen umwechseln lassen, während doch dieselben getrost ihr Geld mit sich nehmen und gegen geringe Prozente hier nach dem Course einwechseln oder auch von guten Häusern in Deutschland Wechsel kaufen können.

Die Herren

Tamsen & Dethlefs, No. 52 Avenue A, New-York,

wechseln ausländische Münzen stets zu vorstehenden Preisen in Gold ein, und bei Herrn

C. Boysen, No. 32 Gr. Bleichen, Hamburg,

kann man stets Sichtwechsel auf die Herren Tamsen & Dethlefs, 52 Avenue A, in New-York kaufen.

☞ Hiervon sollten Alle, die Freunde oder Verwandte in Deutschland haben, welche auszuwandern gedenken, am Besten durch Uebersendung dieses Büchleins aufmerksam machen.

Gesetzliche Interessen-Raten
in den Ver. Staaten.
[Schwere Strafen fallen auf deren Ueberschreitung.]

Alabama	8 %	Kentucky	6 %	North Carolina	6 %
Arkansas	6 „	Louisiana	5 „	Ohio	6 „
California	10 „	Maine	6 „	Oregon	6 „
Connecticut	6 „	Maryland	6 „	Pennsylvanien	6 „
Delaware	6 „	Massachusetts	6 „	Rhode Island	6 „
Florida	6 „	Michigan	7 „	South Carolina	7 „
Georgia	8 „	Minnesota	7 „	Tennessee	6 „
Illinois Anlehens- Contracte	10 „	Missisippi	8 „	Utah	7 „
		Missouri	6 „	Vermont	6 „
Indiana	6 „	New-Hampshire	6 „	Virginien	6 „
Iowa	6 „	New-Jersey	7 „	Wisconsin	7 „
		New-York	7 „		

47

Zinsen- oder Interessen-Tafel.

welche deren Betrag für irgend eine Summe von $10.00 bis $10,000.00 nachweist.

1. Zu sechs Prozent vom Hundert

	1 Tag.	15 Tage.	1 Mt.	1 Jahr.		1 Tag.	15 Tage.	1 Mt.	1 Jahr.
$10..	$0 00	$0 03	$0 05	$0 60	$600..	$0 10	$1 50	$3 00	$36 00
20..	0 00	0 05	0 10	1 20	700..	0 12	1 75	3 50	42 00
30..	0 01	0 08	0 15	1 80	800..	0 13	2 00	4 00	48 00
40..	0 01	0 10	0 20	2 40	900..	0 15	2 25	4 50	54 00
50..	0 01	0 13	0 25	3 00	1,000..	0 17	2 50	5 00	60 00
60..	0 01	0 15	0 30	3 60	2,000..	0 34	4 99	10 01	120 00
70..	0 01	0 18	0 35	4 20	3,000..	0 52	7 49	15 01	180 00
80..	0 01	0 20	0 40	4 80	4,000..	0 69	9 99	20 01	240 00
90..	0 02	0 23	0 45	5 40	5,000..	0 86	12 48	25 02	300 00
100..	0 02	0 25	0 50	6 00	6,000..	1 03	14 98	30 02	360 00
200..	0 03	0 50	1 00	12 00	7,000..	1 20	17 48	35 02	420 00
300..	0 05	0 75	1 50	18 00	8,000..	1 36	19 97	40 03	480 00
400..	0 07	1 00	2 00	24 00	9,000..	1 55	22 47	45 03	544 00
500..	0 08	1 25	2 50	30 00	10,000..	1 72	24 97	50 03	600 00

2. Zu sieben Prozent vom Hundert.

	1 Tag.	15 Tage.	1 Mt.	1 Jahr		1 Tag.	15 Tage.	1 Mt.	1 Jahr
$10..	$0 00	$0 03	$0 06	$0 70	$600..	$0 12	$1 73	$3 50	$42 00
20..	0 00	0 06	0 12	1 40	700..	0 13	2 01	4 08	49 00
30..	0 01	0 09	0 18	2 10	800..	0 15	2 30	4 67	56 00
40..	0 01	0 12	0 23	2 80	900..	0 17	2 59	5 25	63 00
50..	0 01	0 14	0 29	3 50	1,000..	0 19	2 88	5 83	70 00
60..	0 01	0 17	0 35	4 20	2,000..	0 38	5 75	11 67	140 00
70..	0 01	0 20	0 41	4 90	3,000..	0 58	8 63	17 50	210 00
80..	0 02	0 23	0 47	5 60	4,000..	0 77	11 51	23 33	280 00
90..	0 02	0 26	0 53	6 30	5,000..	0 93	14 38	29 17	350 00
100..	0 02	0 29	0 58	7 00	6,000..	1 15	17 26	35 00	420 00
200..	0 04	0 58	1 17	14 00	7,000..	1 34	20 14	40 83	490 00
300..	0 06	0 86	1 75	21 00	8,000..	1 53	23 01	46 67	560 00
400..	0 08	1 15	2 33	28 00	9,000..	1 73	25 89	52 50	630 00
500..	0 10	1 44	2 92	35 00	10,000..	1 92	28 77	58 33	700 00

Brief-Porto's und sonstige Postgebühren.

Briefe, welche nach irgend einem Orte der Ver. Staaten gesandt werden, müssen für jede halbe Unze oder darüber mit einer **3 Cents** Postmarke versehen sein.

Briefe, welche nicht auf solche Weise frankirt sind, kommen in das Bureau unbestellbarer Briefe [Dead Letter Office] nach Washington.

Briefe, die nicht hinreichend frankirt sind, werden zwar an ihre Adresse befördert, das noch mangelnde Porto aber vom Empfänger abgefordert, und wenn sich derselbe dessen weigert, nach Washington wie vor, gesendet.

Stadtbriefe müssen für jede halbe Unze oder darüber, mit einer 2 Cents Marke frankirt werden.

Zeitungen, welche vom Verleger aus nach irgend einem Orte in der Union gesendet werden, müssen vom Empfänger vierteljährlich im Voraus bezahlt werden, und zwar:

Für Tagesblätter....................................	35 Cents.
„ Wochenblätter....................................	5 „
„ Monatshefte, die nicht über 4 Unzen wiegen........	3 „
„ Vierteljahrshefte..............................	1 „

Nicht versiegelte Cirkulare, Landkarten, Drucksachen, Stiche, Musikalien, Karten, Photographien, Wurzeln, Samen u. s. w. müssen für jedes nicht über vier Unzen schweres Packet mit 2 Cents frankirt sein; zwischen vier und acht Unzen mit 4 Cents. Das Gewicht solcher Packete ist jedoch bis auf zweiunddreißig Unzen beschränkt.

Geld kann nach allen Teilen der Union mit vollkommenster Sicherheit und Promptheit versendet werden, wenn man dasselbe auf der Post einzahlt und eine Post-Anweisung [Post Money Order] für folgende Gebühren herausnimmt:

Für Beträge von....	$1.00 bis $20.00 zu 10 Cents.
„ „	20.00 bis 50.00 zu 25 „

Beträge unter $1 00 werden nicht angenommen, und der höchste Betrag ist auf $50.00 festgesetzt. Will man eine höhere Summe versenden, so muß man selbe dieser Bestimmung gemäß ein und **mehrere** Post-Anweisungen darauf heraus-nehmen.

Geldsendungen nach Deutschland werden von den Verlegern dieses Büchleins (No. 52 Avenue A) zum Tagescourse übernommen und dem Adressaten per Post franco behändigt, sowie die Originalquittungen ihrer Zeit verabfolgt.

Briefe können in den Ver. Staaten für 15 Cents (außer dem Porto) registrirt, d. h. gegen Empfangsschein versendet werden. Nach dem Auslande sind diese Registrirgebühren verschieden.

Marken, welche von gestempelten Couverten ausgeschnitten worden sind, kann man sich zur Frankirung von Briefen nicht bedienen.

Artikel von Glas oder in Glas verpackt, dürfen durchaus nicht per Post verschickt werden.

Die Portogebühren nach dem Auslande betragen, und zwar:

Nach England und Irland: Briefe (wenn sie frankirt sind) 6 Cents für die halbe Unze; ebenso Zeitungen 2 Cents eine jede, und ebenso Bücher 2 Cents per

50

Unze. Werden die Briefe aber nicht frankirt, so wird vom Empfänger ein erhöhtes Porto erhoben.

Nach **Deutschland** zahlen Briefe per halbe Unze 6 Cents und Zeitungen per Nummer 3 Cents.

Nach **Canada** zahlen Briefe per halbe Unze 6 Cents und Zeitungen 2 Cents per Nummer.

Nach **Frankreich** zahlen Briefe per halbe Unze 10 Cents und Zeitungen 2 Cents per Nummer.

Nach **Italien** zahlen Briefe per halbe Unze 10 Cents und Zeitungen 7 Cents per Nummer.

Nach **Rußland** zahlen Briefe 11 Cents per halbe Unze und Zeitungen 5 Cents per Nummer.

N. B. — **Briefe sowie Zeitungen** nach Deutschland werden von den Verlegern (No. 52 Avenue A) adressirt, frankirt und prompt für die nächsten Steamer-posten expedirt.

Deßgleichen werden **Photographien** zweckmäßig verpackt und versendet und übernehmen dieselben **Packetsendungen** jeder Art nach Europa.

Postschlüsse.

Oestliche Post um 5.00 V. M.
   "   "   1 30 N. M.
   "   "   6 00 "
Erie Post um 5.00 V. M.
   "   "   2.00 N. M.
   "   "   4 00 "
Freehold um 5 00 V. M.
Long Island um 5 00 V. M.
Newport u. Fall River um 3.00 N.M.

New-York Central-Eisenbahn um 9.00 N. M.
Nördliche Post um 5.00 V. M.
   "   "   2 00 N. M.
   "   "   4.00 "
Südliche Post um 7 00 V. M.
Westliche Post mit der New-Jersey Central-Eisenbahn um 5.00 V.M.
do.   do.   um 4.00 N. M.

☞ Es wird hier insbesondere darauf aufmerksam gemacht, daß die Verleger dieser Schrift zur Bequemlichkeit des deutschen Publikums die Einrichtung sowohl zur Annahme von Briefen in's Inland, wie der Versendung von Briefen, Zeitungen, Geldern und Packeten nach dem Ausland getroffen haben.

51

Der Central-Park.

Dieser seit dem Jahre 1857 für die Bevölkerung einer Weltstadt angelegte großartige **Erholungsplatz** erstreckt sich über einen Flächeninhalt von 862 Acker Landes; einschließlich der vom Wasser bedeckten Strecken (Neues Reservoir, 107 Acker; altes Reservoir, 35; Teich an 59 Str. und 6. Av., 5; See, 20; Conservatory Wasser, 2½; ein Teich, 2; Harlem See, 12; und Teich (Loch), 1 Acker. Die Länge des Parkes beträgt von der 59. bis 110. Str. gegen 2½ Meilen, seine Breite ist von der 5. Av. bis 8. Av. gegen ½ Meile. Die Länge der 45 bis 60 Fuß breiten Straßen für Fuhrwerke im Parke beträgt gegen 9½ Meilen; für Reiten gegen 6½ Meilen; und für Spaziergänger, gegen 27½ Meilen.

Der Park ist jeden Tag durch das ganze Jahr offen. Die Stunden, wenn er geöffnet und geschlossen wird, richten sich nach den verschiedenen Jahreszeiten.

Zum Fahren durch den Park stehen eigene Wägen bereit, welche das Merchants Gate an 59. Str. und 8. Av. in kurzen Zeitpausen verlassen und von 7 Uhr Vormittags bis 9 Uhr Abends ihre Rundfahrt in dem Parke vornehmen, wo sie von Jedermann unterwegs bestiegen werden können, wenn sie nicht schon besetzt und als voll (full) bezeichnet sind; denn es ist nicht erlaubt, daß dieselben von mehr als 12 Personen zur selben Zeit benutzt werden dürfen. Das Fahrgeld beträgt für die Person, gleichviel ob für die ganze Umfahrt oder nur für eine Strecke, 25 Cents. Die Fahrt dauert gegen ein und eine halbe Stunde. In diesen Wägen ist das Rauchen nicht erlaubt, und darf man auch keine Packete oder Bagage mit sich führen.

Eine solche Rundfahrt in dem Park ist zwar sehr interessant; aber der eigentliche Genuß und die Besichtigung der reizendsten Parkanlagen ist nur dem Fußgänger vorbehalten.

Auch Boote stehen zu Diensten, welche den Besucher auf dem See herumführen und an beliebigen Stellen landen.

Jeden Sonnabend Nachmittag finden auf dem „Mall," dem Haupteingange des Parkes, die beliebten Conzerte des Central Park Orchesters statt.

Die in Uniform gekleideten Parkaufseher sind zu jeder Stunde am Tage und in der Nacht im Dienste, und geben den Besuchern bezüglich des Parkes und der Spazierwagen jede beliebige Auskunft. Vorkommende Ungeeigenheiten Seitens der Kutscher der Spazierwagen oder der Parkaufseher und des Comptrollers, sollen im Interesse des Publikums, ohne Weiteres zur Anzeige gebracht werden.

Die Eingänge oder Thore zum Park führen von den 5., 6., 7. und 8. Avenues, sowohl in der 59. wie 110. Str. direkt hinein. Seitenpforten sind außerdem je sechs an der 5. und 8. Av.; nämlich:

An 5. Av. und 59. Str.,............................das Scholar's Gatter.
„ 6. „ 59. „ .... „ Artist's „
„ 7. „ 59. „ .... „ Artisan's „
„ 8. „ 59. „ .... „ Merchant's „
„ 8. „ 72. „ .... „ Women's „
„ 8. „ 79. „ .... „ Hunter's „
„ 8. „ 85. „ .... „ Mariner's „
„ 8. „ 96. „ .... „ All Saint's „
„ 8. „ 100. „ .... „ Boy's „
„ 8. „ 110. „ .... „ Stranger's „

Ein kräftiges Alter oder ein frühzeitiger Tod!

~~~~~~~

Seitdem ist erschienen und für 30 Cents zu haben, die zwölfte verbesserte und mit einundzwanzig anatomischen Abbildungen versehene, höchst nützliche und belehrende Schrift:

Der Jugendspiegel,
oder
Die Geheimnisse des Geschlechts-Umganges,

Von Dr. J. Lubarsch,

praktischer Arzt in Chicago, Illinois.

Die Jugend, die Mannheit und das Alter, Alle sollten dieses Buch lesen. Es enthält nützliche Betrachtungen über die Erhaltung, die Schwäche und die Krankheiten der Geschlechtstheile für die, welche an den so erschöpfenden Folgen der Selbstbefleckung und anderer Ausschweifungen leiden.

Der werthvolle Rath und die eindringlichen Warnungen, welche es ertheilt, werden Jahre des Leidens verhüten und jährlich Tausende vom Tode erretten.

Der Heilungsplan auf der **Anwendung der Electricität** beruhend, ist darin ausführlich besprochen und nachgewiesen, daß diejenigen Patienten, die ihr Geld für angepriesene Medizin verschwendet haben, ohne geheilt zu sein, sich nicht an die rechte Schmiede gewandt haben, da derartige Leiden ohne electrische Mittel nicht geheilt werden können.

Gegen Einsendung von 30 Cents wird es Jedermann zugeschickt, wenn man adressirt:

Dr. J. Lubarsch, Chicago

N.B.—Oder an die Buchhandlung von **Tamsen & Dethlefs**, No. 52 Ave. A, nahe der 4. Str., New-York.

~~~~~~~

Bei demselben Verfasser ist zu demselben Preise zu haben:

Geheime Winke

für Mädchen und Frauen, oder die krankhaften Störungen der Geschlechtsfunctionen des Weibes und deren Heilung.

54

An 5. Av. und 72. Str., ...das Children's Gatter.

„ 5. „ 79. „ .... „ Miner's „

„ 5. „ 90. „ .... „ Engineer's „

„ 5. „ 96. „ .... „ Woodman's „

„ 5. „ 102. „ .... „ Girl's „

„ 5. „ 110. „ .... „ Pioneer's „

„ 6. „ 110. „ .... „ Farmer's „

„ 7. „ 110. „ .... „ Warrior's „

Wenn man den Park durch den Haupteingang an der 5. Av. und 59. Str. betritt, an welch' letzterer eine von den Deutschen geschenkte große Erzbüste von Alexander von Humboldt aufgestellt ist, so gelangt man direkt auf den Mall (den sonnabendlichen Concertplatz), welchen eine Statue Shakespeare's ziert, sowie auf die Terrasse, welche in den Sommermonaten die besuchtesten Plätze sind. Steigt man die Terrasse hernieder, so gelangt man zwischen seinen, näherer Besichtigung würdiger, an beiden Seiten der Treppe aufgestellten Bildhauerarbeiten, zum Springbrunnen-Bassin und zum See, welcher unregelmäßig in zahlreiche Felsenbuchten einschneidend, von bald hübschen Baumparthien und Anlagen eingeschlossen ist, bald den nackten Fels bespült, und der Tummelplatz zahlreicher zierlicher Lustboote ist; im Winter aber einen herrlichen Spiegel zu einer Schlittschuhbahn darbietet. Hinter dem See gelangt man in die schattigen Anlagen des Parkes, nämlich in den sogenannten Ramble, in dessen westlichem Theile, nahe dem Ufer der nö.tlichen Seeeinbuchtung, die ebenfalls von den Deutschen geschenkte Erzbüste Friedrich Schiller's sieht. Unweit davon befindet sich die eines Besuches werthe Felsenhöhle, sowie das einem alten Schlosse im Kleinen ähnliche Belvedere, das die höchste Felsenspitze am südwestlichen Ende des kleinen Wasser-Reservoirs einnimmt und eine überaus schöne Uebersicht über den ganzen Park gestattet. — Zu beiden Seiten des kleinen Wasser-Reservoirs führen malerisch angelegte Pfade zu dem großen Croton-Wasser-Reservoir und zu den oberen Theilen des Parkes. Dieses große Wasser-Reservoir, dessen Aufgabe ist, der großen Weltstadt eines der unentbehrlichsten Lebensbedürfnisse zu verschaffen, ist an und für sich schon eine große Merkwürdigkeit. Der kolossale, aus Granit-Quadern bis zu einer Höhe von 115 1-10 Fuß über dem Fluthwasserstande erhöhte Bau bildet ein Becken, das einen See enthält, dessen Wasserspiegel 106¾ Acker Flächeninhalt hält. Außerdem ist das Bassin von wohlerhaltenen Spazierwegen umgeben, die, von ihrer Höhe aus, gegen Norden zu, die Aussicht in das lieblichste Landschaftsbild gewähren. — In dem höchsten Theil des Parkes übersieht man dann den ganzen noch darüber hinaus liegenden Theil desselben, bestehend aus weiten Wiesen und Gehölz, sowie den Harlem-See, erst ein größeres Bassin bildend, dann in einem schmalen Streifen den Park durchgehend. — Auch der Mount St. Vincent, (ehemals eine römisch-katholische Akademie) ist dort, dessen Räume unter Anderm eine gute Restauration und ein Kunst-Museum einnimmt, das 87 größere und kleinere Bildhauereien Crawford's enthält. In der nordöstlichen Ecke des Parkes befindet sich ein Theil einer alten Schanze, eine Reliquie aus dem Kriege von 1812. von deren Anhöhe man einen schönen Ueberblick über das Harlemer Meer und dessen Umgebung gewinnt. Und als eine andere alte Reliquie aus demselben Zeit befindet sich, nahe an dem Warrior's Gatter und der 7. Av., ein Blockhaus, welches mit noch andern Ueberresten, nebst der erwähnten Schanze, zu der quer am Nordende der Insel sich erstreckenden Befestigung gehört haben. Der ganze obere Park ist reich an schönen und traulichen Partien, und bleibt hier

55

nur noch der dort befindlichen B a u m s ch u l e zu erinnern, die dazu bestimmt ist, alle Baum-
arten des Continentes, nördlich von den Carolina's, dort anzupflanzen und zu acclimatisiren.

Für einen andern Besuch kann man sich von dem M a l l rechts wenden, und wenn man
der Einfassung des Parkes folgt, so kommt man zu dem n a t u r = h i s t o r i s ch e n M u -
s e u m , sowie zum Manhattan Square (8. Av., zwischen 77. und 81. Str.), an welchem
der z o o l o g i s ch e G a r t e n seine Stelle erhalten soll. — Zwischen der 5. und 6. Av. bietet der See mit seinen Buchten in den Felsen besonders recht malerische Bilder.   Nach der
8 Avenue zu gelangt man auf einen großen freien S p i e l = und T u m m e l p l a ß für
Kinder, und rechts davon, am See, steht das M i l ch h a u s oder die H o l l ä n d e r e i , ein
zierliches Gebäude im gothischen Style, woselbst reine Milch und andere leichte Erfrischungen
für Kinder gereicht werden. — Ungefähr in der Mitte zwischen dem mit einer Statue des
Handels verzierten Merchant's Gatter und der ersten Querstraße erhebt sich das p a l ä o n -
t o l o g i s ch e M u s e u m , das für die reichen und interessanten Schätze der amerikanischen
Urwelt bestimmt ist.

Für einen weiteren Besuch wähle man sich sodann den Weg links von dem M a l l , wo
man auf die M a r m o r b r ü cf e gelangt, welche den Fahrweg über den Fußweg hinüber-
führt.   In der darunter befindlichen kühlen Halle laden Marmorbänke zum Sitzen ein und
eine Quelle in einer Nische bietet dem Durstigen einen Labetrank.   Nordwestlich davon dehnt
sich eine wellige Grasfläche von über 15 Acker dahin, mit hübschen Baumgruppen besetzt, welcher Platz im Sommer, einer Schaafheerde zur Weide dienend, ein hübsches idyllisches Bild
gewährt; während von oben herab ein M i n e r a l w a s s e r = T e m p e l schaut, welcher in
buntem, reichverzierten maurischen Style errichtet ist.

Fast die meisten Pferdeeisenbahn-Wägen führen zum Central Park, und ist dies jedes-
mal an denselben in großer Schrift zu lesen.   (Siehe die Uebersicht der S t a d t = E i s e n -
b a h n e n No. 5, 6, 7, 11, 12, 20 und 21.)

————————

Weitere öffentliche Plätze und Parke.

[SQUARES AND PARKS.]

Die **Battery** hat eine ausgezeichnete Aussicht auf die obere Bai, gerade an der Vereinigung des East-Rivers mit dem Hudson.   Diese Parkanlage hat ihren Namen von der
früheren Befestigung des alten Forts „George," wovon jetzt noch der Castle-Garden, der
letzte Ueberrest des einst den Namen „Castle Clinton," zu Ehren des ersten republikanischen
Gouverneurs der Stadt New-York, getragen hat.

Das **Bloomingdale Square** liegt zwischen 8. und 9. Ave. und der 53. und 58.
Str.; ist noch nicht ausgelegt.

Bowling Green ist ein kleiner, ovaler, eingeschlossener Platz am Fuße des Broadway.   Der Platz diente früher den Offizieren des Forts „George" zur Kegel- (bowling)
bahn.   Hier stand auf dem Bassin in der Mitte eine Statue Georg III., welche im Juli 1770
während der Revolution von den Patrioten herabgerissen, in Kugeln umgeschmolzen und in
dieser Gestalt den Engländern zurückgegeben wurde.

Der **City Hall Park** lag bis zum Jahr 1770 noch außerhalb den Grenzen der Stadt
und wurde der „Common" oder die „Fields" genannt und diente zum Exerzierplatze.   Dieser

dreieckige 7 Acker haltende Park grenzt westlich an den Broadway, nördlich an Chambers Str., südöstlich an Centre Str. und Park Row. In ihm steht das Stadthaus [City Hall], die Halle der Records, (früher die zur Aufstellung eines Panoramas errichtete Rotunda], sowie längs der Chamber Str. das alte und das neue Courthaus u. s. w., und am südlichen Ende das neue Postgebäude.

Grammerch Park, ein hübscher kleiner Square, zwischen 20. und 21. Str. und 3. und 4. Av. ; eigentlich ein Privatbesitz der Eigenthümer des umliegenden Grundbesitzes und auch von denselben in Ordnung gehalten. Er liegt etwa 2 Meilen von City Hall, ist durch einen schönen Brunnen geziert, und von ihm erstreckt sich gegen Süden Irving Place und gegen Norden Lexington Ave.

Madison Square, zwischen 5. und Madison Av., sowie 23. und 26. Str., an der Ostseite des Broadway, 2¼ Meilen nördlich von der City Hall. Im Jahr 1845 lag dieser Platz noch außerhalb der Stadt und war ein gewöhnliches Feld.

Manhattan Square, zwischen 8. und 9. Av. und 77. und 80. Str. gelegen, aber noch nicht angelegt.

Mount Morris, in New Harlem, ist eine felsige Anhöhe zwischen 120. und 124. Str., und an beiden Seiten der 5. Av. sich ausdehnend. Von seinem Gipfel hat man eine ausgezeichnete Aussicht auf die umliegende Gegend.

Stuyvesant Square, in Front der St. Georgs Kirche zwischen der 15. und 17. Str. liegend. Die 2. Avenue geht mitten durch und scheidet ihn in zwei gesonderte Plätze. Den Theil unmittelbar vor der Kirche ziert ein Springbrunnen. Der Grund wurde von Peter G. Stuyvesant zu erwähntem Zwecke geschenkt.

Tompkins Square, im östlichen und bevölkertsten Theile der Stadt, zwischen der Av. A und B und der 7. und 10. Str. belegen, vor dem Kriege ein hübsch angelegter Garten, der aber zum Exerzierplatze verwildert, einen trostlosen, sandigen Fleck bildet, obgleich nirgends eine freundliche, grüne, schattige Oase geeigneter angebracht wäre, als in jener Gegend voll enger und beschränkter, von Bewohnern wimmelnder Tenementhäusern.

Union Park, ein schöner ovaler Platz oben am Broadway, an University Pl. der 4. Av., sowie der 14. und 16. Str., geziert durch einen schönen Springbrunnen. 1¼ Meile von City Hall. In ihr steht die Reiterstatue Washington's, von Brown. 14 Fuß hoch, 4 Tonnen schwer, kam sie auf $30,000 zu stehen.

Washington Square, früher ein Begräbnißplatz für Fremde und Arme, liegt in Front der New-York Universität und grenzt an Waverly Place, sowie an McDougal, 4., und Wooster Str., ist 9¾ Acker groß und 1½ Meile von City Hall westlich vom Broadway entfernt.

Dispensarien·

In welchen ärztlicher Rath und Medizinen unentgeltlich ausgegeben werden.

Central, 934 8. Av. Offen täglich [mit Ausnahme des Sonntags] von 9 Uhr Vormittags bis 5 Uhr Nachmittags.

Demilt, 401 2. Av. Offen vom 1. Oktober bis 1. März täglich von 9 Uhr Vormittags bis 5 Uhr Nachmittags; die übrige Jahreszeit von 8 Uhr Vormittags

57

bis 6 Uhr Nachmittags und Sonntags von 9 bis 10 Uhr Vormittags und von 1 bis 2 Uhr Nachmittags· Arzneivertheilung von 9 Uhr Vormittags bis 4 Uhr Nachmittags.

Eastern, 57 Essex Str. Offen täglich von 9 Uhr Vormittags bis 5 Uhr Nachmittags; an Sonntagen von 9 bis 10 Uhr Vormittags und von 1 bis 2 Uhr Nachmittags [blos für Arzneien].

Eclectic, 223 E. 26. Str. Offen täglich [Sonntags ausgenommen] von 2 bis 4 Uhr Nachmittags.

German, No. 8, 3. Str. Offen täglich [Sonntags ausgenommen] von 1 bis 5 Uhr Nachmittags.

Harlem, 2331 4. Av. Offen täglich von 2 bis 4 Uhr Nachmittags.

Hals= und Brustkrankheiten, 47 University Place. Offen am Montag, Mittwoch und Freitag von 2 bis 4 Uhr Nachmittags.

Hoffman, 266 7. Av.

Homöopathie, 59 Bond Str. Offen täglich [Sonntags ausgenommen] von 11 Uhr Vormittags bis 5 Uhr Nachmittags.

Metropolitan Homöopathie, 228 East Broadway. Offen täglich von 10 bis 12 Uhr Vormittags und von 2 bis 5 Uhr Nachmittags.

New=York, Centre, Ecke von White Str. Offen täglich von 9 Uhr Vormittags bis 5 Uhr Nachmittags für Arzneien sowie von 10 Uhr Vormittags bis 3 Uhr Nachmittags für ärztlichen Rath; endlich Sonntags von 9 bis 10 Uhr Vormittags.

New=York Cancer= [Krebs=] Hospital, 463 6. Av.

New=York, für Gehörsleiden, West 26. Str., Ecke von 9. Av.

New=York, für Hautkrankheiten, 101 E. 30. Str.

New=York Homöopathie, 100 West 34. Str. Offen täglich von 10 Uhr Vormittags bis 4 Uhr Nachmittags und am Sonntag von 1 bis 2 Uhr Nachmittags.

New=York Homöopathie College, 3. Av , Ecke von E. 23. Str. Offen täglich von 10 Uhr Vormittags bis 3 Uhr Nachmittags, und am Sonntag von 1 bis 2 Uhr Nachmittags.

New=York Orthopädie, 1299 Broadway.

Northeastern, 222 E. 50. Str. Offen täglich von 9 Uhr Vormittags bis 6 Uhr Nachmittags und am Sonntag von 9 bis 10 Uhr Vormittags und 1 bis 2 Uhr Nachmittags.

Northeastern Homöopathie, 307 E. 55. Str. Offen täglich von 1 bis 4 Uhr Nachmittags.

Northwestern, 9. Av., Ecke von 36. Str. Offen täglich von 8 Uhr Vormittags bis 4 Uhr Nachmittags; vom 1. Oktober bis 1. März; die übrige Jahreszeit von 8 Uhr Vormittags bis 6 Uhr Nachmittags, und am Sonntag von 9 bis 10 Uhr Vormittags; für Arzneien von 9 Uhr Vormittags bis 3 Uhr Nachmittags.

Northern, Waverly Place, Ecke von Christopher Str. Offen täglich von 8 Uhr Vormittags bis 6 Uhr Nachmittags für Arzneien, und von 9 Uhr Vormittags bis 3 Uhr Nachmittags für ärztlichen Rath; sowie am Sonntag von 9 bis 10 Uhr Vormittags und von 1 bis 2 Uhr Nachmittags für ärztlichen Rath und für Arznei zugleich.

Union, 246 East 13. Str. Offen täglich von 9 Uhr Vormittags bis 4 Uhr Nachmittags; am Sonntag von 10 bis 11 Uhr Vormittags.

Weſtern, 242 9. Av.

Weſtern Homöopathie, 578 9 Av. Offen täglich von 10 Uhr Vormittags bis 4 Uhr Nachmittags, und am Sonntag von 10 bis 11 Uhr Vormittags.

Women's= [Frauen=] Inſtitute, 39. W. 16. Str. Offen täglich von 9 Uhr Vormittags bis 1 Uhr Nachmittags.

Yorkville, 1482 3. Av. Offen täglich von 2 bis 4 Uhr Nachmittags.

Krankenhäuſer.

[HOSPITALS.]

Bellevue, am Fuße von Eaſt 26. Str.

Deutſches, 4. Av., Ede von Eaſt 77. Str.

Fremden=Krankenhaus, Av. D, Ede von Eaſt 10. Str.

Hahnemann, 307 Eaſt 55. Str.

Manhattan, für Augen= und Ohren=Krankheiten, 233 Eaſt 34. Str.

Mount Sinai, 232 Weſt 28. Str.

New=York, Office: 13 Weſt 11. Str.

N. Y. Ophthalmic [Geſichts=], 3. Av., Ede von Eaſt 23. Str.

N. Y. Ophthalmic und Aural [Geſichts und Gehörs=] Inſtitute, 46 Eaſt 12. Str. Offen täglich [Sonntags ausgenommen] von 1 bis 3½ Uhr Nachmittags.

N. Y. State Hoſpital für nervöſe Krankheiten, St. Marks Place, Ede von 2. Av.

Nurſery [Kinderpflege] und Kinder=Krankenhaus, Lexington Av., Ede von Eaſt 51. Str.

Presbyterian, Eaſt 71. Str., Ede von 4. Av.

Rooſevelt, Weſt 59. Str., Ede von 9. Av.

St. Francis, unter der Aufſicht der Mildthätigen Schweſtern, 609 5. Av.

St. Lucas, Weſt 54. Str., Ede von 5. Av.

St. Mary's, für Kinder, unter Aufſicht der Barmherzigen Schweſtern, 403 Weſt 11. Str.

St. Vincent's, unter Aufſicht der mildthätigen Schweſtern, 185 Weſt 11. Str.

Seaman's Fund und Retreat [S. L.], 12 Old Slip.

Sonnenſtich=Patienten, City Hall Park.

Ward' Island, Office im Caſtle=Garden.

Women's, Eaſt 50. Str, Ede von 4. Av.

Begräbnißplätze.

[CEMETERIES.]

Calvary, zu Newtown L. J.; 2 Meilen von der Ferry der Eaſt 10. Str. [Office 206 Mulberry Str]

Citn, auf Ward's Island; [Office Eaſt 11. Str., Ede von 3. Av.]

59

Cypreß Hill, an der Myrtle Av. und der Jamaica Plankroad; 5 Meilen von den Williamsburgh Ferries. [Office 124 Broadway.]

Greenwood, in Brooklyn auf den Govannus Heights; 2½ Meilen von der Hamilton Av. Ferry. [Office 30 Broadway.]

Lutheran, an der Jamaica Turnpike, nahe an Middle Village, L. J.; 4 Meilen von den Williamsburgh Ferries. [Office 293 Broadway.]

Machpelah, zu New-Durham, Hudson Co., N. J.; 1 Meile von der Wee-hawken Ferry, am Fuße der West 42. Str. [Office 160 West 24. Str.]

Marble, in der 2. Str., zwischen 1. und 2. Av. [Office 65 2. Str.]

New-York Bay, an der Bergen Point Plankroad; 2½ Meilen von der New-Jersey Ferry. [Office 5 Dey Str.]

Trinity Church, zwischen West 153. und 155. Str., zwischen 10. Av. und dem North-River.

Union, nahe an Wyckoff Av. in Brooklyn; 3½ Meilen von den Williamsburgh Ferries. [Office 192 Rivington Str.]

Woodlawn, in Westchester Co.; 7 Meilen von der Harlem-Brücke, an der Harlem Eisenbahn. [Office 933 Broadway.]

Hospitäler, Versorgungsanstalten etc.

[ASYLUMS.]

Association zur Verbesserung des Unterrichts der Taubstummen; 642 7. Av.

Childrens Fold [Kinder-Hürde], 437 East 58. Str.

Colored Home, für bejahrte und dürftige Farbige; am Fuße der East 65. Str.

Emigranten-Zuflucht und Hospital, auf Ward's Island [Fährboot am Fuße der 110. Str.]; Erlaubniß zum Besuche im Castle-Garden zu erholen.

Five Points House of Industrie, 155 Worth Str.

Five Points Mission, 61 Park Str.

Frauen-Heim, christl., 314 East 15. Str.

Hebrew Waisenhaus, East 77. Str., Ecke 3. Av.

Heim für arbeitende Frauen, 45 Elizabeth Str.

Heim für Bejahrte, [unter Leitung der kleinen armen Schwestern] 445 West 32. Str.

Heim für die Bejahrten der Kirche der Heiligen Communion [unter der Leitung der episc. Schwestern von der Heil. Com.], 330 6. Av.

Heim für bejahrte und kraftlose Israeliten, 215 West 17. Str.

Heim für die Frauenabtheilung der Gefängniß-Association, 213 10. Av.

Heim für freundlose Frauen, 86 West 4. Str.

Heim der Freundlosen, Hülfe für freundlose, verlassene und schutzlose Frauen und Kinder [unter Aufsicht der American Female Guardian Society], 3 East 30. Str.

Heim für Findlinge, [unter Leitung der Schwestern der Mildthätigkeit], 3 Washington Square N.

Heim für junge Frauen, 27 Washington Square N.

Haus der Barmherzigkeit, [unter Aufsicht der Barmherzigen Schwestern], 33 East Houston Str.

Haus der Ruhe, für Schwindsüchtige, 8 Wall Str.

Haus der Zuflucht, auf Randall's Island; steht unter der Leitung der Gesellschaft zur Besserung jugendlicher Verbrecher. Gesuche um Lehrlinge können in 61 Bible Haus angebracht werden. Besuche werden stets zugelassen.

Haus zum guten Hirten, am Fuß der E. 90. Str.

Institut der Gesellschaft des Frauen=Unterstützungs=Vereins der M. S. Kirche von New=York, 255 West 42. Str.

Institut für Blinde, 9. Av. nahe West 34. Str.

Leake und Watts Waisenhaus, zwischen 9. und 10. Av. und West 111. und 112. Str.

Lunatic Asylum [Irrenhaus], West 117. Str. nahe 10. Av.

Magdalena Frauen=Wohlthätigkeits=Gesellschaft, East 88. Str. nahe 5. Av.

Mitternachts Mission, 260 Green Str.

National Asyl für Soldaten=Invaliden, 171 Broadway

N. Y. Kind, 24 Clinton Place.

N. Y. Jugend,Asyl, W. 176. St. n. 10. Av. [Aufnahmehaus 61 W 13. St.

Obdach für ehrbare Mädchen, [unter Leitung der episc. Schwestern von der Heiligen Communion], 334 6. Av.

Odd Fellows, des Staates New=York, Centre, Ecke von Grand Str.

Presbyterian Heim für bejahrte Frauen, East 73. Str. nahe Madison Av.

Protest. Halb=Waisen, 65 West 10. Str.

Protest. H us der Barmherzigkeit, [unter der Aufsicht der episc. Barmherzigen Schwestern], am Fuß von West 86. Str.

Respectable [ehrbare] bejahrte und bedürftige Frauen, 226 East 20. Str.

Römisch=Katholisches Waisenhaus, Prince, Ecke von Mott Str.; Madison Av., Ecke von East 51. Str., für Mädchen; sowie Ecke von East 51. Str. und 5. Av. für Knaben.

Sailors Snug Harbor, 156 Broadway.

St. Barnabas Haus, 340 Mulberry Str.

St. Josephs Heim für die Bejahrten, [unter Leitung der Schwestern der Mildthätigkeit, 209 West 15. Str.

St. Lucas Heim für arme christliche Frauen, Madison Av. Ecke von E. 89. Str.

St. Stephans Heim, [unter der Leitung der Mildthätigen Schwestern] 138 East 28 Str.

Samaritoner Heim für die Bejahrten, West 14. Str. nahe 9. Av.

Schäfers Hürde, East 86. Str. nahe 2. Av.

Schutzverleihen den Armen, 10. Av., Ecke von West 129. Str.

Taubstummen=Anstalt, W. 162. St. nahe Bloomingdale Rd. Jährlich $300

Trinity Chapel Heim für bejahrte Frauen, 207 West Str.

Union Heim Schule, West 151. Str., Ecke von 11. Av.

Unterkunft für bedürftige Frauenspersonen, 85 Marion Str.

Waisenhaus, an der Bloomingdale Road nahe West 73. Str.

Waisenhaus, Boulevard, nahe West 143. Str.

Waisenhaus von St. Vincent de Paul, [unter Leitung der Schwestern Marionites des hl. Kreuzes, 211 West 39. Str.

Waisen Heim der P. E. Kirche. East 49. Str., Ecke von Lexington Av.

Water Str. Mission und Heim für Frauen, 273 Water St.

☞ Zur gefälligen Beachtung. ☜

Mit Gegenwärtigem übergeben wir dem deutschen Publikum die erste Ausgabe eines Büchleins, welches sowohl den deutschen Bewohnern oder Besuchern der „Empire City," wie auch den Einwanderern in jeder Beziehung zum Führer und Wegweiser dienen und nach und nach so vervollständigt werden soll, daß es in allen möglichen Beziehungen Aufschluß und Information geben, und ein wirklicher „Rathgeber" für Alle sein wird, die hier weilen.

Der Werth eines solchen „Rathgebers" ist außer allem Zweifel und läßt sich schon aus dem Umstande erkennen, daß die anglo-amerikanische Presse solcher "Guides" bereits schon ein Dutzend herausgegeben hat und noch immer wieder solche neuere erscheinen, während in der deutschen Sprache bisher noch kein einziges derartiges Werkchen, wenigstens in neuerer Zeit, herausgegeben ist.

Da dieser „Wegweiser" in vierteljährlichen Auflagen von je 12,500 Exemplaren herausgegeben wird, bietet er um so mehr die passendste Gelegenheit dar zu Geschäftsanzeigen, indem das Büchlein von jedem Käufer aufbewahrt und während des Jahres wohl hundert Male zu Rathe gezogen werden kann, wobei demselben stets die enthaltenen Anzeigen, in beschränkter Zahl, vor Augen kommen, während sie in den Zeitungen auf die Seite geworfen oder unter dem Durcheinander der vielen enge und klein gedruckten Anzeigen gar nicht beachtet werden

Wir laden daher Geschäftsleute u. s. w. ein, sich dieses Anzeige-Mittels um so rechtzeitiger für die zweite Auflage dieses Werkchens, welches — nebenbei gesagt — auch in Hamburg, Bremen und Stettin an alle hieher Reisende und Auswanderer abgesetzt wird, bedienen zu wollen, da nur eine beschränkte Anzahl derselben in die neuen Vierteljahrs-Ausgaben aufgenommen werden können.

Anzeigen werden jedes Mal auf die Dauer **eines Jahres** aufgenommen, und kosten:

eine ganze Seite $40 00   mit 100 Freiexemplaren.

   „ halbe   „   25 00   „   50   „

   „ viertel „   15 00   „   25   „

☞ Die Anzeigen wolle man bei den Verlegern abgeben, bei denen man sich auch jede etwaige sonstige Information erholen kann.

TAMSEN & DETHLEFS,

No. 52 Avenue A, zwischen 3. und 4. Str.

Verzeichniß der enthaltenen Geschäfts- und
sonstigen Anzeigen.

St. Markusschule, No. 323, 325 und 327 O. Str.......... ....zweite Umschlagseite
Café International, No. 192 Chatham Square............................ 2
Bookbinders, Plain and Ornamental, 39 & 41 Centre St................. 4
Hartmann's Hotel, 45 und 47 Bowery 4
Wohnungs-Anzeiger... ....: 6
Notariat, 35 Wall Str. Im Basement 8
Hotel und Boardinghaus, 71 Essex Str..... 8
Arbeitgeber (Gewerbszeitung), Patentbesorgung in Europa, Geschäftsbureau
    für Gewerbe, Industrie und Landwirthschaft 8
Piano-Geschäft, 109 und 111 East 14. Str.......... 10
Paper Ware House, 15 Beekman St........ 12
Buchhandlung und Leih-Bibliothek, 52 Avenue A 14
Musikalien-Handlung, 23 Union Square 16
Conservatorium der Musik, 211 4. Av. 16
Piano-Geschäft und Musikverlag, 211 4. Av. 16
Photographische Gallerie, Ecke Essex und Houston St........ 18
Photographisches Atelier 156 Bowery 20
Weinhandlung, [Ungarweine] 526 Broadway 22
Fancy Lederwaaren 2c., 312 Canal Str [obenauf]...... 24
Kalender für 1873, 52 Av. A........ 24
Schiffsscheine nach und von Europa, 52 Av. A.... ....,...... 34
Dampfschiffahrts-Linie des Norddeutscher Lloyd, 2 Bowling Green 36
Deutsche Lot und Bau-Gesellschaft [Astoria], 52 Av. A und 42 Av. A.....38 und 39
Engravers, Steel Plate Printers, Lithographers, and Print Colorers, 254 &
    256 Canal St.. 42
Voigt'sches Heilpflaster, 254 und 256 Canal Str.. 42
Teutonia Sparbank, 25 Av. A 44
Stationers und Musikalien, 52 Av. A. 47
Conditorei, [Brust-Camarellen, 39 Av. A.......................... 50
Aachener und andere Bäder, 12 Rivington St.................... 52
Der Jugenspiegel, von Wr. Lubarsch in Chicago (52 Av. A)................. 54
Illust. deutsch-amerikanische Farmer-Zeitung, 10 Spruce St...dritte Umschlagseite
Der Farmer-Freund, Landwirthschaftlicher Kalender für 1873..   „   „
Buch- und Accidenz-Druckerei, 10 Spruce St.................   „   „
Geld-, Wechsel-, Passage- und Speditions-Geschäft, 2 New Chambers St.
                                      vierte Umschlagseite
Geld-, Wechsel- und Passage-Geschäft, 52 Av. A.............   „   „

Inhalts-Verzeichniß.

Lage der Stadt New-York .... 1 und 3
Die zu New-York gehörigen Inseln:
    1. Im East-River 3
    2. In der Bai 5
Die Einwanderungs Commission oder der Castle Garden .... 5, 7, 9 und 11
Consuln fremder Länder, welche in New-York residiren .... 11 und 13
Zeitungen und Zeitschriften, welche in New-York erscheinen:
    1. Deutsche Blätter 13
    2. Die hervorragendsten anglo-amerikanischen Blätter 13
Oeffentliche Bibliotheken [Libraries] 15
Bilder- und Kunst-Gallerien ꝛc. 17
Theater, Conzertsäle u. dgl. [Places of Amusements.] 17
Entfernungen in New-York:
    1. Westseite 19
    2. Ostseite 19
    3. Quer über die Stadt 19
Markthäuser 19
Lage der Schiffs-Landungsplätze:
    1. Im North-River 21
    2. Im East-River 21
Hafenmeister [Harbor Masters] 21
Entfernung der größeren Städte am Hudson von New-York ... 23
Entfernung der hauptsächlichsten Städte in der Union und inner-
    halb welcher Zeit sie von hier aus auf der Eisenbahn erreicht
    werden können .... 23 und 25
Telegraphen-Compagnien ꝛc. 25
Pferd- oder Stadt-Eisenbahnen [City Cars oder Horse Cars] .... 26, 27 und 28
Droschken-Ordnung .... 29 und 30
Vorschrift für Karrenführer 30
Expreß-Compagnien [Spediteurs-Geschäfte]:
    1. Allgemeine 31
    2. Besondere für nahe gelegene Orte 31
Omnibus-Routen [Stages] für den Stadtverkehr New-York's 32
Dampf-Fähren [Ferries] .... 32, 23 und 35
Reguläre Dampfschifffahrts-Linien:
    1. Nach ausländischen Häfen .... 35 und 37
    2. Nach inländischen Häfen 40
Eisenbahn-Officen und Depots [Stationen] .... 40 und 41
Credit- und Leih-Anstalten, [Trust Companies] 41
Banken in New York:
    1. National-Banken 43
    2. Staats-Banken .... 43 und 45
Sparbanken [Savings Banks] 45
Münzen, ausländische und deren Werth in amerikanischem Golde:
    1. Gold 45
    2. Silber 45
Gesetzliche Interessen-Raten in den Ver. Staaten 45
Zinsen oder Interessen-Tafel, welche deren Betrag für irgend eine
    Summe von $10.00 bis $10,000.00 nachweist:
    1. Zu sechs Prozent vom Hundert 48
    2. Zu sieben Prozent vom Hundert 48
Brief-Portos und sonstige Postgebühren .... 49 und 51
Postschlüsse 51
Der Central Park .... 53, 55 und 56
Weitere öffentliche Plätze und Parke [Squares and Parks] .... 56 und 57
Dispensarien, in welchen ärztlicher Rath und Medizinen unentgelt-
    lich ausgegeben werden .... 57, 58 und 59
Krankenhäuser [Hospitals] 59
Begräbnißplätze [Cemeteries] .... 59 und 60
Hospitäler, Versorgungsanstalten ꝛc. [Asylums] .... 60 und 61